海洋人物丛书 ⑨

大海星空

2019年度海洋人物

本书编委会 编

海洋出版社

2020年 · 北京

图书在版编目（CIP）数据

大海星空：2019年度海洋人物／《大海星空：2019年度海洋人物》编委会编. —北京：海洋出版社，2020. 9
ISBN 978-7-5210-0633-9

Ⅰ. ①大…　Ⅱ. ①大…　Ⅲ. ①海洋学-科学工作者-先进事迹-中国-现代　Ⅳ. ①K826. 14

中国版本图书馆CIP数据核字（2020）第150804号

大海星空——2019年度海洋人物
DAHAI XINGKONG——2019 NIANDU HAIYANG RENWU

责任编辑：侯雪景
责任印制：赵麟苏

海洋出版社　出版发行

http://www.oceanpress.com.cn
北京市海淀区大慧寺路8号　邮编：100081
中煤（北京）印务有限公司印刷
2020年9月第1版　2020年9月北京第1次印刷
开本：787 mm×1092 mm　1/16　印张：8
字数：142千字　定价：48.00元
发行部：010-62132549　　邮购部：010-68038093
总编室：010-62114335　　编辑室：010-62100038

本书编委会

主　编：夏　俊　李　航

副主编：赵晓涛　王　忠　陈华明　高　英

编　委：徐　瑶　张　艳　冷旭东　高朝君

杨　威　赵　宁　周　超　刘　川

郭松峤　朱　彧　鄂歆奕　卢　晨

路　涛　孙安然

目次

CONTENTS

每次踏上冰雪荒原的南极洲大地时，心情总是异常激动，总是异常激扬，总想把所看到的一切都一点不遗漏地印在脑海里，铭刻在心中。每当翻阅资料和照片时，都会情不自禁地回到魂牵心系的长城站、中山站的怀抱中，回到执着追求的、潜心探索的、神奇的南极怀抱中……

——郭琨

有两种价值观：一种价值观是戴着非常昂贵的手表，显示自己身价百倍；另一种价值观是我这种价值观，一块不贵的手表，因为我戴过了，所以身价百倍。

——韦慧晓

油气勘探没有禁区，科学探索永无止境。作为新时代的勘探工作者，我们要再接再厉、奋力奔跑，早日实现中国梦、海洋强国梦。

——牛成民

光荣的使命，就算有无数困难，也要用拼搏的汗水和智慧筑起梦想登陆的码头；飞扬的青春，哪怕有再多障碍，也要为“一带一路”的国家蓝图做出闪光的注脚。“沙海建港”显现的不仅仅是国际友谊，“中国速度”见证的又岂止是中国力量。

——2019“海洋人物”现场颁奖词

我们这个职业，总结起来就是八个字：一丝希望，百倍努力。你不知道你什么时候多做的一丝努力，就能多救回来一个人，哪怕一个人也好。

——詹春珮

心若没有栖息的地方，到哪里都是在流浪。一个人即使有再多的金钱，如果失去了乡愁，就失去了精神的家园、梦想的家园，就是一无所有、名副其实的肉体流浪者。我这一辈子要做的就是守护好乡愁，守护好子子孙孙生息繁衍的土地，让梦想和幸福不断传承！

——周士辉

珊瑚礁是大自然给人类的一项巨大财富，但是今天的珊瑚礁生态系统，却显得十分脆弱，亟待我们共同保护，只有坚持可持续的合理利用与开发，才能造福子孙后代。

——黄晖

他率队把五星红旗插上南极洲

——追记中国首次南极考察队队长郭琨

每次踏上冰雪荒原的南极洲大地时，心情总是异常激动，总是异常激扬，总想把所看到的一切都一点不遗漏地印在脑海里，铭刻在心中。每当翻阅资料和照片时，都会情不自禁地回到魂牵心系的长城站、中山站的怀抱中，回到执着追求的、潜心探索的、神奇的南极怀抱中……

——郭琨

1985 年 2 月 20 日清晨，南极乔治王岛上空，寒风凛冽。伴随着雄壮的《义勇军进行曲》，郭琨在南极长城站升起了第一面五星红旗。这是中国南极长城站落成典礼上的一幕。

郭琨曾担任国家南极考察委员会办公室主任，全程参与了中国早期南极考察的策划和实施，7 次远赴南极考察一线，曾担任中国首次南极考察队队长、长城站首任站长、中山站首任站长。2019 年 4 月 3 日，郭琨在北京逝世，享年 83 岁。

带队首征南极

南极一直是探险家的圣地、科学研究的宝库。20 世纪 70 年代末，已有十几个国家在南极建立了上百个考察站，但却没有一个属于中国。

自 1981 年国家南极考察委员会办公室成立之日起，何时在南极洲建立中国自己的科学考察站一事就始终萦绕在时任办公室主任郭琨的心中。而最使郭琨饮恨和下决心的是澳大利亚堪培拉会议的经历，那是他终生难忘的 1983 年秋季。

1983 年 6 月，中国以缔约国的身份加入了《南极条约》。同年 9 月，中国第一次派出代表团出席在澳大利亚堪培拉召开的《南极条约》会议。

当时，中国代表团只有 3 人，郭琨是其中之一。但首次参加《南极条约》会议的经历并不愉快。

按照《南极条约》的规则，南极条约缔约国只有履行《南极条约》的义务和责任，对国际南极事务，特别是对南极的政治格局和资源纷争等重大实质性问题没有发言权，更没有决策权。因未在南极建立考察站，所以作为联合国安理会常任理事国的中国，当年也只能以观察员身份出现在《南极条约》体系的重大会议上。而每当《南极条约》协商国成员讨论实质性的重大国际南极问题时，大会主席就会十分客气地使用外交语言请观察员身份的政府代表团到贵宾室喝咖啡去，也就是请非协商国代表退出会场，由协商国政府代表团关门开会。

泱泱中国政府代表团在国际南极舞台上的这种境遇，是与我国的大国地位和在国际事务中的作用极不相称的。为此，中国代表团的成员，谁也无心去品尝浓香的咖啡。

“当时我们含着眼泪离开了会场。”2017 年，已经 82 岁的郭琨通过电视节目回忆了这段经历。当时，他在走出会场时暗下决心：不在南极建立中国考察站，就再也不参加这样的会议。

1984 年 11 月，经国务院、中央军事委员会批准，郭琨率领中国首次南极考察队乘坐“向阳红 10”号船和“J121”船从上海出发远征南极。此行最重要的任务就是在南极建立考察站。

南极大陆一片素净，镜头里，我们看到的是言语无法形容的绝美；而镜头外，困难与挑战并存，是人类探索南极的无畏精神和勇气。因为是中国首次组织实施南极考察，大部分队员没有经验，出发前，他们都签下了“生死状”。据一些老队员回忆，当年“向阳红 10”号船上甚至备有大的塑料袋，万一有队员不幸牺牲了，就装在袋子里放到冷库冰冻起来。这颇有一种“风萧萧兮易水寒”的壮烈。

中国赴西南极的航程长、海况复杂、环境恶劣，没有现成的航线可寻，此次航行开辟了第一条中国到南极的航线。

船为海而生，人却并非如此。要适应长达半年的海上生活从来就不是一件容易的事情，哪怕是那些身经百战的老水手。在考察队出发后的 1 个月里，考察船多次遇到狂风大浪。当时船上 60%的队员都有不同程度的晕船反应，有人甚至一天呕吐十三四次，快把胆汁吐出来了。

1984 年 12 月 25 日 12 时 31 分，“向阳红 10”号船驶入南纬 60°。根据《南极条约》的规定，这意味着我国的船只第一次驶入了南极，我国首次自己组织的南极考察队抵达了南极。

1984 年 12 月 30 日，中国首次南极考察队 54 名队员在队长郭琨的带领下，成功登上了南极乔治王岛，第一次把五星红旗插上了南极洲。

创造“中国速度”

南极洲只有冬、夏两季，全洲年平均气温为-25℃，内陆高原平均气温为-56℃左右，测到的最低气温曾达-89.8℃，为世界最冷的地区。

在南极建立考察站，只能利用每年 11 月中旬到次年 3 月中旬的南极夏季。一旦进入南极冬季，茫茫冰原上的极寒和极夜将严重影响施工。

船队抵达乔治王岛麦克斯韦尔湾，结果发现，原来的选址已被先于中国十几天抵达的乌拉圭考察队搭帐篷占住了。巨大的压力落在了郭琨肩上。他说，建长城站必须完成。因为这一步不迈出去，后面的设想都无从实现。

选择站址并不简单，必须有水源，地基要结实，不能处在风口。所有科考队员全部上岸，兵分两路，重新选址。一周后，确定了菲尔德斯半岛东岸为新址。

建站的第一大难题是抢建卸货码头。因为大船无法靠岸，只能先靠小艇把 500 吨建站物资运到岸边，再转运到站。因此，必须在岸边抢建一座供小艇停靠和汽车吊运物资的码头。考察队指挥部决定组建一支 20 人的码头突击队，3 天内完成任务。

1 月的南极乔治王岛气候恶劣，冰天雪地，寒风凛冽。队员们跳入刺骨的海水里，岸上的临时帐篷里准备了老酒、姜汤、棉大衣和热水袋等应急御寒物品。突击队员两班倒，10 个人 10 分钟一班，在海水中抡锤、扶钎、打桩。冻得顶不住了，就上岸进帐篷暖和一下，另外 10 个人马上跳下水接替，一秒钟也不耽搁。经过突击队员们连续 72 小时的轮番作业，简易码头基本建成。

南极夏天的平均气温为 0℃，站上最低气温为-7℃。郭琨的日记中记录，在南极停留的 59 天里，8 天晴，26 天雨，25 天雪。大风来袭时，最大风力达每秒 40 米，强度超过 12 级台风。

由于建站前期没有取暖设备，很多人的腰、腿和肘关节都出现不同程度的疼痛，耳朵和脸部被冻伤也是常事。每天洗漱时，大家都要走到冰雪融化的小溪边，用雪擦擦脸和手。

这是一场争分夺秒的苦战。为了早日建成长城站，队员们“没上过山，没下过滩，没出过湾”，始终坚守建站“阵地”。每天早上 5 点多就开始忙碌，一干就是十六七个小时。在高强度工作的情况下，即便是帐篷被大风吹开，身上盖了一层雪，很多队员还是睡不醒。为了保证建站进度，郭琨挨个把他们喊醒，也因此有了“郭扒皮”的外号。老队员们回忆说，如果当时没有这股“扒皮”的干劲，长城站不可能在这么短的时间内建成。

1985 年 2 月 15 日 10 时，长城站完成了建站的最后一道工序，郭琨亲手把长城站的站标悬挂在第一栋房屋正门上方。从完成卸货开始施工算起，仅用 26 天，考察队就在艰苦的环境和条件下建成了长城站。如此高效率地建成一个可越冬的南极考察站，这在南极建站史上是非常罕见的。

长城站主体部分由 6 栋橘红色房屋构成，包括发电站、通信电台、气象站、测绘站、食品库、科研栋、医务文体栋、码头、直升机机场和邮政局等 20 多个部分。

在长城站主楼前，队员们竖立了一块路标牌——17 501.949 千米，这是长城站与北京的距离。

2 月 20 日是大年初一，科考队举行了长城站落成仪式。国家南极考察委员会主任武衡专门从北京赶来主持开幕仪式。伴随着庄严的国歌，郭琨心潮澎湃、热泪盈眶，他用那双被风雪和强烈紫外线辐射吹裂灼黑的双手将第一面五星红旗缓缓升上了南极上空。随后，郭琨被任命为中国南极长城站首任站长。仪式结束后，在餐厅举行庆功宴。郭琨激动地说，总算不辱使命，说着说着就哭了。全体男儿们都相拥而泣。

长城站建成以后，我国立刻开展了多学科的科学考察活动，并成功地完成了当年建站、当年越冬考察的壮举。

1985 年 10 月，第十三届《南极条约》协商国会议在比利时布鲁塞尔举行。作为中国代表团成员，郭琨再次参会。在会期首日，《南极条约》协商国举行特别会议，一致同意接纳中国成为《南极条约》协商国成员。从此，我国对南极事务拥有了发言权和表决权。

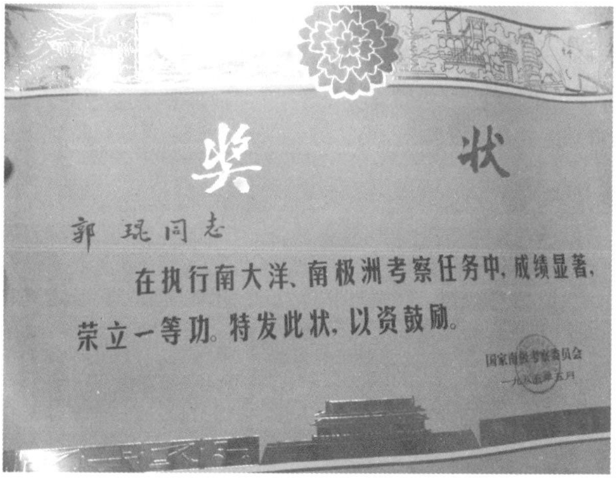

再战冰原建中山站

长城站的建成并投入使用，正式开启了我国探索南极科学奥秘的篇章。然而，在 1400 万平方千米的南极大陆，仅在西南极建立考察站还远远不够。于是，在东南极建立第二个考察站便提上了议事日程。这一次，建站任务还是落在了郭琨的肩上。

4 年建两站并非易事。当时，有的国家代表断言：“中国想进南极圈建考察站，是要付出代价的！”面对困难，郭琨不服输。1988 年 10 月 5 日，为做好建立新站的前期工作，郭琨率领先遣组先期随澳大利亚国家南极考察队，赴东南极洲的拉斯曼丘陵地为新站踏勘环境和预选站址。

1988 年 11 月，中国南极考察队乘坐“极地”号科考船从青岛出发，郭琨担任考察队队长，披挂上阵，再次奔赴南极大陆。

1989 年 1 月 14 日深夜，“极地”号在南极冰区突遇特大冰崩。“我们立即进入紧急战备，船员全部上甲板，有人写好了遗书，以为要船毁人亡了。”郭琨曾回忆，当时最近的大冰山距船只有两三米远，船的周围被大小冰山包围，动弹不得。

当时，“极地”号被浮冰团团围困，情况危急。苏联站站长根据过去的先例判断，“极地”号当年内可能出不去了。考察队领导以密码电报向国务院汇报，国务委员宋健指示：“确保人员安全。”

考察队党委决定：疏散、留守、抢滩。将队里的老弱者疏散到岸上去，骨干和年轻力壮者留在船上待机。一旦情况恶化，只有让“极地”号冒险抢滩搁浅，以免沉入大海。郭琨向大家宣布决定后，气氛更加紧张。

1 月 21 日，围困“极地”号 7 天的浮冰终于裂开了一个 30 米的口子。郭琨曾讲述：“当时，船首方向的冰面裂开了一个 30 米的口子，大家下决心往外冲并成功突围。事实证明，这个决策是正确的。两小时后，冰面裂开的口子又合上了，一直等到中山站建好后返程，那个口子也没打开。”

1989 年 2 月 26 日，中国第二座南极考察站——中山站成功建成。考察队员以惊人的毅力，完成了当年建站、当年越冬的任务，标志着中国南极考察的重心开始由西南极向东南极转移，吹响了向南极内陆冰盖进军的号角。

两站建成后，中国的南极考察完成了从“建站”向“科考”为中心的转变。

目前，中国在南极建立长城站、中山站、昆仑站和泰山站，在北极建立了黄河站，成为世界上为数不多同时实施两极考察的国家之一。中国拥有全球领先的极地考察破冰船“雪龙”号和“雪龙 2”号，昆仑站占据了南极大陆的最高点冰穹 A，极地事业得到了跨越式的发展。

建立极地研究所

我国唯一的极地研究中心坐落于上海市浦东区，我国历次南北极考察队，绝大多数都是从上海启程。

自然资源部所属的中国极地研究中心专事极地考察的科研和保障，前身为 1989 年成立的中国极地研究所。30 多年来，极地研究中心见证并推动了我国极地科考事业由弱到强的历史进程。而极地研究所的成立和郭琨也有巨大的关系。

“1984 年中国首次南极考察队乘坐‘向阳红 10’号在太平洋上航渡期间，郭琨队长就利用航渡时间仔细冥思着中国南极科学考察的规划图。”原中国极地研究所党委书记、副所长，中国首次南极越冬考察队队长颜其德回忆，“郭琨队长曾将我们几人叫到了他住的舱室，向我们简要介绍了早已勾画在心中的中国南极考察四部曲”。

第一步是建立中国自己的南极科学考察站，让五星红旗飘扬在南极洲上空。第二步是组建国内的极地科学研究机构——中国极地研究所，以加快提升中国极地科学研究的水平。第三步是建造中国自己的南极科学考察船，以加强中国极地科学考察的综合能力。第四步是择时开展中国的北极科学考察，以突显中华儿女对全球变化的关注和中华民族有自立于世界民族之林的能力。

1985 年 5 月，中国首次南极考察队班师回国不久，郭琨就致力于组建中国极地研究所的立项申报和规划设计，并成立先遣小组专程赴上海落实将极地研究所建在上海的有关程序和预选所址等事宜。1985 年 6 月 3 日，中国极地研究所筹备小组在

上海正式成立，郭琨任组长，全面启动极地研究所的前期筹建工作。

在后期的筹建和建设过程中，郭琨也始终关心和支持研究所的建设。在一期建设投资不足等多种因素下，他与原国家南极考察委员会常务副主任、原国家海洋局副局长钱志宏一道确立了极地研究所“整体规划、分期实施”的建设指导方针和思路，为一期工程的顺利实施和后期的科学规划奠定了良好的基础。

1989 年 10 月 10 日，中国极地研究所在上海浦东新区正式成立，钱志宏和郭琨专程来上海参加极地研究所成立大会。自此，中国的极地科学家们有了自己的“工作之家”。

2003 年，中国极地研究所更名为“中国极地研究中心”，极地事业发展跨入了新阶段。30 多年来，中国极地研究中心培养造就了一批高素质、高水平的极地科学研究和技术管理人才，在国际上取得了可喜的研究成果，已同美国、日本、挪威、澳大利亚、德国和韩国等国家的极地科学研究机构建立了良好的合作研究关系和科学家交往渠道。如今，它正面向和服务于全国的极地科学考察工作，朝气蓬勃地朝着建设世界一流研究中心的宏伟目标阔步前进。

在郭琨的关心和积极运作下，我国“南极训练基地”在黑龙江省亚布力也成功建立，从此解决了中国南北极考察队员的极地训练问题。之后，郭琨又在智利首都圣地亚哥建立了“中国南极考察公寓”，使往返于长城站的考察队员从此有了安全、可靠、舒适的“国外之家”。

购建极地考察船

南极大陆四周被浩瀚的南大洋和林立的冰山所环绕，因此，南极科学考察船是去南极考察必备的特种交通和运输工具。它具有物资运输、人员运送和海洋考察的三大功能。自 18 世纪开辟了南极探险的帆船时代至今 200 多年来，随着工业化的快速进步、科学技术的突飞猛进和先进导航技术的问世，使造船工业和技术得以飞速发展，远征南极的船只也经历了木帆船探险—铁壳船考察—抗冰船建站—破冰船合作的四个发展时代。

我国自 1984 年首次组队开展南极考察，到“雪龙 2”号首航南极之前，先后赴南极地区担负运输、科学考察的船只有 5 艘，分别是“向阳红 10”号船、“J121”

船、“海洋四号”船、“极地”号船和“雪龙”号船。其中，前3艘只进行过一个南极航次；“极地”号为冰区加强型运输船，在1986年购进后，经过一定改造投入到我国极地考察中，1992年退出极地考察序列；“雪龙”号1993年购自乌克兰，原船设计为极区破冰运输船，经过两次改造后，成为我国目前使用时间最久的极地科学考察船。

郭琨与上述5艘极地科学考察船结下了不解之缘，他不仅先后多次登船布置、指导工作，而且还作为中国南极考察队副领队、队长，亲自率队乘坐“向阳红10”号、“极地”号和“雪龙”号赴南极建立中国南极长城站和中山站，开展科学考察活动。特别是“极地”号和“雪龙”号，是他任国家南极考察委员会办公室主任期间，亲自主持向国务院申请购船报告经费，具体组织领导两船的技术改装、计划制定和系统工程的实施。

1985年，“极地”号从芬兰劳马船厂购进，并经上海沪东造船厂改装，后于1986年10月30日搭载中国第三次南极考察队在青岛起航。郭琨担任考察队队长，与出任中国第三次南极考察队总指挥的钱志宏副局长一道，率队乘“极地”号开始它的首航南极使命，航经太平洋、大西洋和印度洋，其间开展海洋地质与地球物理学、综合性海洋环境科学考察，开创了我国航海史上前所未有的航行历史，揭开了我国极地科学考察的新篇章。

1987 年 5 月 17 日，历经半年多的艰辛航程，“极地”号圆满完成了中国第三次南极考察各项预定任务和首次环球航行的光荣使命，胜利回到青岛港。这是我国第一次单船实施环球航行任务，具有很大的探索性和危险性。

随着我国位于东南极的考察站——中山站的建成，面对南极高纬度的严重冰情，“极地”号考察船终因抗冰能力和船龄的限制，在 1993 年退出了中国极地考察船序列。

为了解决我国极地考察的运输保障瓶颈，保障极地考察运输通道的安全运行，我国计划购买一艘可靠实用、性能先进的极地考察船。这是因为当时新建一艘极地考察船需要三四亿人民币，价格昂贵，且国内造船技术尚不能胜任。

“雪龙”号的前身是苏联建造的八条同型破冰船之一。当初由于苏联解体，原船东放弃建造合同，乌克兰赫尔松船厂无法完成建造。

郭琨始终关心和筹划考察船之事，不仅亲自组织拟订向国务院申请购买“雪龙”号的报告并组织实施，还带领购船工作小组率先专程赴乌克兰赫尔松船厂负责洽谈购船事宜。1993 年，我国抓住机遇，以 1750 万美金的低价购得“雪龙”号，随后船厂依照我国的需求，于当年 3 月 25 日建造完成。它能以 0.5 节航速连续冲破 1.2 米厚的冰层，技术性能在当时属国际领先水平。

1993 年 3 月 31 日，“雪龙”号离开赫尔松船厂，经黑海—博斯普鲁斯海峡—地中海—苏伊士运河—红海—印度洋—马六甲海峡—南海—台湾海峡，于 7 月 15 日驶进上海港，全程 8600 海里。之后，郭琨又领衔运筹有关“雪龙”号的直升机系统、技术改装项目的前期计划和经费申报等工作。

此后一直到 2019 年“雪龙 2”号入列，“雪龙”号一直是我国唯一一艘专门从事南北极科学考察的破冰船，由中国极地研究中心负责运行和管理，担负着运送我国南、北极考察队员和考察站物资的任务，同时又为我国的大洋调查提供科学考察平台。

在过去的近 30 年里，“雪龙”号先后完成了 23 次南极科学考察和 9 次北极科学考察任务，足迹遍布五大洋，最北航行到北纬 88°26.5′，最南航行到南纬

78°41.9′，创下了中国航海史上多项新纪录。

筹划北极科学考察

自1999年我国开展首次北极科学考察，已过去20多年。从穿越北极东北航道到穿越中央航道，从没有北极科学考察站到黄河站、中冰北极科学考察站运行……20年来，我国北极考察实现了从无到有、从小到大、从弱到强的跨越，为人类共同了解和认识北极、保护北极环境、和平利用北极贡献中国人的智慧和能力。

颜其德参加了首次北极科学考察，担任考察队副领队、临时党委副书记，见证了我国首次挺进北冰洋的全过程。他说，我国北极科学考察的起步，也有郭琨的参与。

1991年11月，在中国极地研究所召开的“第三届中国南极研究科学委员会”全会上，郭琨向大会所作的报告中，第一次阐述了两项振奋人心的信息。

其一是计划在“九五”期间组织实施“中国南极内陆冰盖科学考察”，并相应制定了中山站—东南极冰盖—南极点之间以冰川环境和地学考察项目为主要学科的大断面考察计划。

其二是计划在“九五”后期，择时组织实施“中国首次北极科学考察”，对考察和认识北极环境，开展全球变化尤其是全球气候变化的研究做出中国科学家应有的智慧和贡献，在地球的南、北两极留下中国人的足迹，向世界展现坚持改革开放的今日中国，其综合国力和科技水平今非昔比。

经过多方筹备后，1999年7月至9月，中国政府成功组织和实施了有来自美国、俄罗斯、日本、挪威、芬兰和韩国等国科学家参加的“中国首次北极科学考察”活动。这是在中国政府成功开展南极科学考察15年的基础上，挺进北冰洋，对北极地区开展的一项大规模、多学科、立体式、高水平的国际合作的科学考察活动，表明了中国有能力对国际极地科学考察事业做出较大贡献，证明中国的极地科学考察工作已与国际接轨，研究水平已达国际先进水平。

中国首次北极科学考察活动，考察研究区域涉及北太平洋、楚科奇海、东西伯利亚海、北极冰缘区、浮冰区和多年浮冰区。考察学科包括海洋学、气象学、高空大气物理学、生物学、地质与地球物理学、测绘学、环境科学、人文地理学科和渔业资源调查。考察取样从洋底3900米的地质、生物样本到距地面30千米高的平流层数据，形成了一个海-冰-气-生相互作用和影响的立体式、多学科、全方位的考察体系。

热衷极地事业宣传科普

郭琨还十分注重我国开展极地科学考察事业的舆论宣传，热心极地科普教育工作。他在繁忙工作之余，兼任多部南极科教片的科学顾问，著书立说，先后负责主编和编辑出版了《中国南极科学考察》（大型画册），《中国南极长城站》《神奇的南极》（10本系列丛书），《南极政治与法律》《当代中国的南极考察事业》《心系长城站》《首闯南极的日子》等书籍，对深入宣传我国极地科学考察事业的重大意义和成就，普及极地科学知识，加强青少年学生的素质教育都起到了有益的作用。

除了编著图书，郭琨还发表了多篇论文，曾荣获国家科学技术进步奖二等奖、国家海洋局科学技术进步奖特等奖，以及第七届和第八届国家图书奖等。

南极自然环境十分恶劣，中国科学考察队员的远征需要克服常人难以想象的困难。恶劣的自然环境并未阻止他投身极地事业的热情。从建设长城站、中山站到装备“极地”号、“雪龙”号，从组织实施南极科学考察到推动我国成为《南极条约》协商国，郭琨亲历了中国南极事业从无到有的辉煌阶段，做出了突出的贡献。

许多人并不知道，郭琨晚年时腿脚完全不能走路，这跟他七赴南极，长期在极寒地区工作有关。在中央电视台《朗读者》节目上，82 岁的郭琨坐着轮椅与观众分享了南极建站的故事，他说："事关民族荣誉、国家尊严，我就是拼了老命，也得把这件事情做好。"

郭琨曾在《心系长城站》一书中如此描述自己对南极的特殊感情：每次踏上冰雪荒原的南极洲大地时，心情总是异常激动，总是异常激扬，总想把所看到的一切都一点不遗漏地印在脑海里，铭刻在心中。每当翻阅资料和照片时，都会情不自禁地回到魂牵心系的长城站、中山站的怀抱中，回到执着追求的、潜心探索的、神奇的南极怀抱中……

2017 年 4 月，人力资源和社会保障部、国家海洋局授予郭琨等 59 人"中国极地考察先进个人"荣誉称号。2019 年 4 月 3 日，郭琨在北京与世长辞，享年 83 岁。

作为"南极精神"的创始者、践行者之一，郭琨把毕生的精力和才华都献给了祖国极地考察事业，以实际行动践行了爱国、求实、创新、拼搏的"南极精神"。

逐梦深蓝的女舰长

——记中国首位女实习舰长韦慧晓

有两种价值观：一种价值观是戴着非常昂贵的手表，显示自己身价百倍；另一种价值观是我这种价值观，一块不贵的手表，因为我戴过了，所以身价百倍。

——韦慧晓

从名校学子到西藏的支教老师，从高薪白领到携笔从戎的军人，从优秀博士生到舰艇指挥官，韦慧晓的经历有些传奇。2012 年 1 月，怀着对大海和海军的无限热爱，她如愿加入海军并成为我国首艘航母——“辽宁”舰的一名女军官，并通过不懈努力，凭着不服输、不怕难的拼劲，顺利通过副舰长独立操纵和岗位合格考核，成为海军首位女副舰长。2017 年 9 月，经过考核任“郑州”舰实习舰长，成为海军首位女实习舰长。

中国海军“郑州”舰实习舰长韦慧晓，在参加中央电视台《开讲啦》节目录制中，获赞无数，让观众领略了这位我国海军第一位女实习舰长的不平凡人生。

对于自己的价值观，她这样解释：“有两种价值观：一种价值观是戴着非常昂贵的手表，显示自己身价百倍；另一种价值观是我这种价值观，一块不贵的手表，因为我戴过了，所以身价百倍。”

从名校学子到西藏的支教老师，从高薪白领到携笔从戎的军人，从优秀博士生到舰艇指挥员。翻开韦慧晓的简历，可以看到她精彩的人生跨越。

入伍前，韦慧晓曾进入深圳华为公司从事行政工作，也曾作为志愿者到西藏支教，远赴阿里做地质勘察，到汶川地震灾区做心理援助……这些多彩经历的铺垫，为她的从军之路更增添了几分传奇。

入伍后，从航母副部门长，再到驱逐舰副舰长、实习舰长，短短 7 年的军旅生涯，韦慧晓跨越了很多的常规成长周期，也付出了常人难以想象的艰辛。

目前，这位来自革命老区广西百色的壮族女军官，距离成为中国海军首位女舰长已经只有一步之遥。为迎接即将到来的舰长全训考核，她正加紧训练，拼命完成各项训练科目指标。

“不合常理”的人生选择

入伍前，韦慧晓经营着一个博客，蓝底白字的页面朴素得有些简陋，但博主在主页晒出的简历，赢得了众多留言者点赞。

简历上，露出两排整齐牙齿盈盈浅笑的博主可谓优秀：做学术，核心期刊发表的论文列了一大页；练体育，参加了全国大学生定向越野竞赛；搞文艺，获得了选美比赛十佳；当志愿者，被共青团中央表彰为“中国百名优秀志愿者”……在这个与改革开放差不多是同龄人的姑娘身上，成堆的荣誉和丰富的社会活动，成为韦慧晓多元人生选择的写照。

韦慧晓是一名土生土长的壮家妹，从小在广西百色长大。在百色中学读书时，韦慧晓做了三年班长，学习成绩好。一些城市里的孩子看不起农村来的同学，她却跟每个人都玩得很好。

20 世纪 90 年代末，韦慧晓考入南京大学，就读大气科学系。大学里存在两种典型学生：一种是踊跃参加活动、老师们眼中的优秀学生；另一种是咸鱼型，想尽一切办法逃课，期末考试在挂科的边缘徘徊。显然，韦慧晓是前者。

她当年在南京大学读书时的辅导员、现任南京大学学生创业就业指导中心主任的高新房告诉记者，这个女孩性格非常开朗，也很执着、很有主见，喜欢尝试新鲜事物。

韦慧晓担任着班级团支书，因身材高挑当选学校礼仪队队长，实力与美貌兼具。1998年10月，美国前总统老布什被南京大学授予“名誉博士”，韦慧晓作为学生代表向老布什献花。当她以一口流利的英语向老布什表示祝贺时，老布什紧握韦慧晓双手，称赞她：“你是个很美的姑娘！”

根据天文与空间学院党委副书记、天文系97级张巍老师回忆：“她当时是礼仪队队长，一位非常漂亮干练的女孩，因为她们宿舍有位铁杆天文粉丝，所以我去过几次。”

2000年，踏入新世纪，全世界进入新的旅程，韦慧晓的人生也展开新的阶段。四年大学生活匆匆而过，韦慧晓从南京大学毕业，由学生的身份切换成“社会人”。

彼时，华为公司正忙于开拓国外市场，走进发达国家。毕业后，韦慧晓就进入华为公司从事行政工作，从普通员工到行政助理，再到副总裁秘书。

在华为工作四年，韦慧晓从一名涉世未深的小姑娘成长为优秀员工。带领的团队荣获金牌团队，自己夺得“金牌个人”奖。有人曾说，如果当初韦慧晓不离开华为，今时今日在华为拥有一席之地、获得高薪不是奢望。

在旁人眼里的美好未来，并非韦慧晓心之所向。四年的工作时间，韦慧晓不断探索，找寻自己的人生目标。在意识到自己的未来不只是眼前的百万年薪后，果断辞职。之后她参加环球洲际小姐大赛，获得中国特区赛区十佳。

不过，对个人内在的提升才是她的终极目标。此后，她以第一名的成绩考入中山大学攻读研究生。

再次回归校园，韦慧晓的脚步依然一刻没有停下。

2005年，世界上海拔最高的青藏铁路刚刚铺轨到拉萨。西藏地区平均海拔4000米以上，环境恶劣，经济落后。不是土生土长的本地人，需要克服重重困难才能适应这里的环境。这一年，韦慧晓跟随中国青年志愿者扶贫接力计划研究生支教团远赴西藏支教。

一旦入藏，容不得反悔。

事实上，韦慧晓很好地适应了这里的恶劣环境，很好地融入当地。支教期间，她担任三年级化学老师，又任初二两个班的英语老师。

一名记者曾在几年前与韦慧晓有过照面，在他的印象中，韦慧晓这女子有点“不同寻常”，“高高瘦瘦，性格很豪爽，像男孩子”，但面容姣好，是走在街上回头率极高的女生。

广西一家报纸的总编辑，曾在西藏林芝市采访过当时正在支教的韦慧晓。虽然两人年纪相差 30 岁，但却成了无话不谈的好朋友。谈到对韦慧晓的印象时，这位老总编感叹：“她的身上充满着侠气和胆识！”

优秀的人到哪都是光芒四射的，因出色的工作表现，韦慧晓获得林芝市团委“优秀志愿者”和巴宜区中学“突出贡献奖”。

于她个人而言，西藏之行是一次难以忘怀的人生经历。韦慧晓撰写的《八千里路云和月》在中山大学校报上刊登，她是这么说的：“我将继续行进在通往理想的道路上，这条路上还会有很多个不同的‘八千里路’，我将满怀欣喜地迎接未来的风雨阳光。”

当然，韦慧晓的这些选择在常人眼里并不合常理。比如，大企业里干得不错，非要跨专业考研去攻读并不热门的地球科学；研究生读得好好的，却要休学去西藏支教；已经 34 岁即将博士毕业了，又立志要参军……

有人说，每一个看似不合理的故事背后，都应该有一个合理的解释。韦慧晓将很多选择归结于自己的天性，也承认与身边人的影响有关。

她的父亲很早受进步思想影响，1949 年以前在广西边境打过游击。自她记事起，一身正气的父亲像极了影视作品里的正面人物，家里每晚都在《新闻联播》音乐声中开饭。她“从小受主流价值观影响，立志要做个对社会有价值的人”。

她攻读研究生期间，地球科学系有个老系主任，搞了一辈子地质研究，一些项目经费不多、不够热门、难度很大，但对国家有用，他到去世前都在推动。2008 年，韦慧晓在参加一个寻访冠军人物的采访活动时，把老系主任选为了自己心中的冠军，并以榜样的精神自勉：“如果有些事情本来应该有人做，但目前没有人做，我愿意去做！”

做没人做的事情，免不了不被理解。当年高考，从小热爱自然的韦慧晓填报的第一志愿就是地球科学，招生的老师不理解这个分数足以上清华的小学霸为啥选这么个冷门学科，便出于“好意”帮她改成了气象学。博士毕业，她笃定心思想要当个军官带兵打仗，导师支持她的选择并写了推荐信，但推荐语里仍然“推荐其到科研院所工作”。

除了不被理解，艰辛也是少不了的。2006 年，韦慧晓到西藏地勘局区域地质调查大队当志愿者，成为大队首个到阿里、那曲市考察的女队员。一路上，她在无人区多次遭遇陷车危险，蹚过齐胸深的激流时险些被卷走，在矿区考察时差点跌落陡崖……

有时候付出艰辛，也难免失败。韦慧晓在博士阶段成立过一个爱心抗癌志愿者联盟，救助患重病的大学生。坚持多年之后，她不得不承认，由于骨干流失等原因，这个项目几近失败。

即使成功了，也难说没有遗憾。2007 年 6 月，父亲因病去世，韦慧晓在西藏做志愿者，病榻上的父亲没等到见她最后一面。第二年，北京奥运会开幕前三天，母亲也去世了。她请假回去料理完后事，便匆匆赶回“水立方”的志愿者岗位。

常人眼中的一道道坎，成了淬炼她心志的一把把火。

在一篇题为《如果这是我生命中最后一天》的日志里，韦慧晓认真地写道：如果今天是我生命中的最后一天……我应该还是做跟平常一样的事情，因为我每天都在做自己想做的事情，哪怕离开了，也不会有什么遗憾。

韦慧晓甚至选了一张照片作为“遗照”。那是汽车坏在无人区时她自拍的。照片中，她嘴唇干裂，笑容依旧，眸子倒映着西藏的天空，如波斯猫的眼睛般湛蓝。

“大龄”女博士立志参军

到西藏当志愿者的经历，使韦慧晓获得两点最重要的收获：一是知道了幸福感从何而来；二是知道了自己希望从事更艰苦、付出更多，却更有意义的职业。

2011 年，快到博士毕业的时候，韦慧晓开始认真思考自己想要做什么。她觉得老一代的地质工作者很伟大，她还知道，“付出更多的就是军人”。

儿时，她曾笃定“有三个职业将来一定不干”：教师、医生和军人。因为，教师重复劳动很辛苦，医生“要面对解剖很吓人”，军人则要流血牺牲。

“人的自我认识往往是需要过程的。”时间和机遇改变了一切。在西藏林芝支教，韦慧晓喜欢上了教书育人的成就感。入伍前五次参加军训的经历，则让她内心不知不觉间开始向往那一抹迷彩。

这五次军训，两次是高中和大学入学的“规定科目”，另外三次则是韦慧晓“自讨苦吃”得来的：初中期间，参加“无线电测向”运动，她带着指北针漫山遍野奔跑，接受了准军事化的体育训练；高考结束后，她勤工俭学，应聘一家酒店的礼仪人员，虽然工作被大学录取通知书打断，半个月的军训却一天没少；大学毕业后，她参加一个电视台举办的“生存大挑战”项目，远赴新疆军营，接受“魔鬼营训练”，队列、拉练、野营、射击、跳伞训练，军事课目一个接一个……

2010年“八一”建军节前夕，韦慧晓写了一篇题为《期待第六次军训》的文章，“省察自己对军营的向往之情”。她写道：“五次军训，五次磨炼，我没有畏惧，反是对部队令行禁止的严格纪律产生了越来越浓郁的向往和期盼。”

她开始寻找进入军营的大门。她坚信，一个人投身最喜欢的事业，虽然“起点不能选择，但走哪个方向、怎么走是可以选择的”。

摆在韦慧晓面前的选择并不多。她查阅政策得知，博士毕业入伍进部队已是自己最后的机会。

她制订了扎实的体能训练计划，从2009年下半年起，每天跑四五千米。从2010年下半年起，她又把运动量翻了一倍，每天跑10千米左右。“把运动当成和吃饭睡觉同等重要的事情来做”。

她从网上找到了一份五年前部队接收普通高校毕业生的文件，逐一拨打文件上的联系电话，有的打不通，有的打通了却被告知对这项工作早就不负责了。

与人交往中，韦慧晓毫不讳言自己对军营的向往。有人给她泼冷水，也有人帮着她牵线搭桥。韦慧晓曾打通某部的一个电话，接电话者得知她是学气象的，热心建议她联系专业技术对口的某总站。韦慧晓却有些犹豫——她内心的理想，是做一名能够冲锋陷阵的指挥员。

韦慧晓最初向往的地方是内蒙古草原。生长于炎热南国的她，打心底喜欢那幅在严寒中策马扬鞭、保家卫国的画面。

她曾借着一次到北京的机会，专程飞到内蒙古呼伦贝尔，向时任军分区领导陈述自己的愿望。军分区的领导帮她找出了不少新近的相关文件，最后却也无可奈何地表示，“这样的事情，他们说了也不算”。

韦慧晓得知，制订计划和决定是否录取的是各个大单位。于是，高考结束后便向四所心仪大学写过自荐信的她，决心也给各个大单位相关部门写封自荐信。

那不是传统意义上薄薄几页的信笺。韦慧晓在自荐信中除了表达自己对军营的向往，还详细剖析了自己具备的成为合格军人的条件、自身的优势，还附上了自己被报道的剪报，获得的奖项和各种证书，发表的各类文章，等等。她把这些认真装订成册，足足200多页，就像是她30多岁人生的一本传记，还专门留了一本作为纪念。

后来，华为公司总裁任正非看到她入伍的报道后，派专人联系她，并送上一箱他收藏的军事书籍；韦慧晓则把珍藏的自荐材料赠予任总，表达对其鼓励之情的感激——这是后话。

2011年下半年，韦慧晓依据自己向往的程度，陆续向几个大单位相关部门寄送了自荐材料。这位毕业于中山大学地球科学系的博士生在自荐信里写道："给我一个能到部队服役的机会，定当矢志不渝，精忠报国！"然而，有的回复没有适合的女军人指挥岗位，有的建议她再等上半年，还有的如石沉大海。

不过，就在向海军寄出自荐材料的第三天，她接到了海军首长秘书的电话。半个月后，海军派人到中山大学对她进行了考察，为她提供了三个选择，其中包括当时正在组建的航空母舰接舰部队。

"我热爱航母事业，"韦慧晓说，"只要让我留下来，不发工资也行。"

2012年1月，韦慧晓如愿穿上了蓝白相间的海洋迷彩，戴上了"一道杠"的学员领章。然后，她被分配到了航母部队，参与"辽宁"舰接舰工作。

从那天起，还没学会游泳的韦慧晓伴随中国海军首艘航母，开始了踏浪蹈海的征程。也是从那天起，她知道每艘战舰上都有一个最高指挥岗位——舰长。

争分夺秒加速成长

"女舰长"是中国海军历史上从未有过的一个名词。当前，海军舰艇编配女军人日渐成为各国海军的普遍做法，部分国家海军也有女性担任舰长。但在我国，直到2012年9月，才有首批27名全课目女舰员走上舰艇战斗岗位。

韦慧晓知道，自己的"野心"可能有点大，而且自己的起点并不高。

入伍之初，她和新毕业干部一起集训。韦慧晓在学员队交流中提到自己的3000米成绩不太理想，并向这群20多岁的学员下了挑战书。"5年后肯定超过你们！"这句话让鲁苗涛印象深刻。从那以后，他几乎每天都能看到这位少校在操场上跑步。

跟这些比自己小了约10岁，却上过4年海军院校的战友相比，韦慧晓发现自己对部队、对海军的了解"少得可怜"。

有一次，降旗的号声响起，舱面活动人员都面向军旗立正，只有她“不知道他们为啥不动了”，仍然继续下舷梯。后来，部门长告诉她，她被点名通报了。

不熟悉带来的不适应在所难免，她积极调整心态努力克服。但她不得不承认，驾驭舰艇的知识和技能是她更难跨越的门槛。

海军的指挥员培养有其固定路径。有人做过估算，一名军官从院校毕业后，成长为一艘驱护舰的舰长，需要 15～17 年。35 岁入伍的韦慧晓没有时间按照这个节奏成长，她必须加速，必须付出比常人更多的努力。

在舰艇上，35 岁的她会和十八九岁的女兵抢着擦地板、帮厨、保养设备，熟悉舰艇上的每一项工作。随着舰艇实战化训练不断深入，韦慧晓也给自己加压，钻研海军战术思想、作战指挥、装备管理等专业知识。

2015 年 4 月，经过 3 年的学习训练，根据上级命令，她走上了“长春”舰实习副舰长岗位。她从“辽宁”舰调到新型导弹驱逐舰“长春”舰担任实习副舰长，迈出“到部队后成长的关键一步”。

对于韦慧晓来说，刚刚担任实习副舰长的一年里充满了挑战。驱逐舰副舰长不仅要了解舰船的方方面面，还要了解整个编队的情况，需要掌握的知识急剧增多。为了牢记装备数据，她几乎每天看书到深夜，第二天早上 6 点，她又准时和舰员一起出早操。经过一年努力，她已能够准确掌握各项参数。

2016年3月，她顺利通过新型导弹驱逐舰副舰长独操考核，成为海军首位女副舰长，并圆满完成“猎鲨”、中俄“海上联合—2016”等重大演习演训任务。2017年年初调任“郑州”舰担任副舰长。

在“郑州”舰，自从有了韦慧晓这个“邻居”，每天凌晨一点左右，副政委丁伟都会听到隔壁舱室传来椅子推移的“嘎吱”一声——那意味着，韦慧晓的加班学习结束了。到了第二天早上6点25分，当起床号声响起，一打开水兵休息室舱门，女兵达瓦卓拉又会看到，韦慧晓已经站在门口，等着她们出操了。

作为一名女性副舰长，韦慧晓的到来也为这艘线条刚硬的新型导弹驱逐舰增加了几分细腻的柔情。过节时，她会给舰员们准备些水果、糖果等小礼物，平时战士们遇到困难，她也能细心发现，尽力帮忙解决。

和韦慧晓有过接触的人，都会对她严格的自我要求印象深刻。

她至今不使用微信，理由是不想时间碎片化，也担心更容易出现泄密。

她的体型偏瘦，但在标准体型的下限以上。为达到自己年龄段的最佳标准，她让自己的体重在一周内增长了5斤。

入伍前，韦慧晓没接受过舰艇指挥方面的训练，到大连舰艇学院学习深造，她做到了每门课程都考第一；入伍后，她的游泳成绩不太好，舰艇靠港的一段时间里，每天早上五六点，“郑州”舰的值班员都会看到她背着个小包去练游泳。

有规矩就要执行，有标准就要达到。韦慧晓说，这是自己从小养成的习惯，也是对军人这个职业的基本态度：“如果你从来不曾自律过，从来没想过牺牲奉献，那你从来就没成为真正的军人。”

冬天会下雪，有一天韦慧晓跑完步，在日记上写下这么一段话：“一个小时跑下来，脚已经冰得有点疼了，手已经完全冻住了。回到房间，24小时的热水，感觉很幸福，但是比不上在甲板上，迎着寒风冰粒子，看海鸥盘旋的幸福。”

她也习惯性地这样去要求身边人。“郑州”舰官兵都知道，韦副舰长有双“火眼金睛”，谁没穿制式袜子，谁在换迷彩服时少戴了个臂章，她都会第一时间指出来。甚至随舰出海的上级指挥员着装上有瑕疵，她依然直言不讳。

“目的很纯粹，心地很纯洁，眼里没有灰色地带。”丁伟评价她说。

韦慧晓觉得这样的性格与父亲的影响有关。父亲是个老党员，一辈子守规则、“对事不对人”，23岁时就是副处级干部，到了退休时还是副处级。但父亲依然相信，这个社会是按照规则来运行的，而不能向潜规则妥协。

在院校培训期间，韦慧晓学习了航海专业课程，以全队总分第一的成绩结业。她刻苦钻研业务，上舰不久已能完成海图作业。2013 年，她牵头开展的航母“飞行甲板风场特性”研究，顺利通过总部有关部门的立项。

从军这些年，与“二战”名将巴顿同一天生日的韦慧晓发现，自己越来越接近人们对“天蝎座”的描述：个性强悍而不妥协，喜爱纪律，并能恪遵不误。

那段描述里还提到，天蝎座的人可能成为优秀的军人或水手。

笃定前行逐梦女舰长

当个优秀军人注定不容易。逐梦女舰长，路上有光环，有荆棘，还有质疑——参军之初，有人质疑其入伍动机；入伍之后，有人担心她能否适应部队；适应了舰艇部队后，又有人怀疑她到底能走多远……

对这些，韦慧晓似乎已经做到了坦然面对。接受采访之初，她甚至建议记者，“你可以先去跟不认可我的人聊聊，听听他怎么批评我的”。

有时候，她也会有些困惑。同样的年龄段、同样的岗位，犯相似的错误，为什么很多人“对博士生会用放大镜看，对女博士都用显微镜看”？

她将其视作自己还不够适应这种“暴风骤雨式”工作指导方式，认为这也是一种锻炼，“打起仗来，指挥员要面对多种考验，连猛烈批评都受不了哪行”。

但她也觉得，自己要走的这条路，可能有点过分引人关注了。

对这个女博士来说，相比进入陌生的军事领域，或许闯入舰艇指挥员这个传统的男人世界，面对的压力要更大。

韦慧晓有着充分的心理准备。

这位“只要穿着军装就高兴”的女舰员刚上舰时，一位副航海长预言她只能待 1 个月。但她一直干到现在，“只要不赶我走，我能干到最后”。韦慧晓已形成一套自己的管理理念。比如，她经常跟着战士一起扫除擦地，“其间战士有问题就会告诉我，比让他们到办公室沟通效率高多了”。

在“郑州”舰上，她住着一间普通的单人舱室。舱室里迷彩挎包、救生衣整齐地挂在墙壁上，床上的白床单平整得没有一个褶儿，看不到半点女性的色彩。

工作中，她努力少犯错误，不犯重复的错误。当桌上的电话响起，她会在响第一声铃后一把拿起话筒，热情地应答："你好，我是韦慧晓！"

大家都能看到她的进步。"郑州"舰首任舰长、现为驱逐舰某支队教练舰长的李一刚记得，2015 年，韦慧晓刚来支队时，除了书本上的知识，实际舰艇指挥经验几乎一片空白；一年后，她能够带着小卡片下达指挥口令；后来再见到她时，她已经可以比较流畅地指挥各个战位了。

前不久，"郑州"舰出海训练，舰长陈曦也放心地将导弹对海攻击、施放烟幕等科目训练交给了韦慧晓组织。

这些认可来得并不容易。不过，韦慧晓说她并不是要证明给谁看，只是要和自己比，"别人的成就感很多是外界给予的，我更看重自己内心的坚定"。

她在内心里坚定地相信，"我自己不会比任何人差"，也相信，崇高而美好的愿望始终值得追求。

到西藏当了两年志愿者后，她写过一份总结，其中第一个小标题就是"我愿为共产主义而奋斗"。总结交给上级，有领导告诉她这个小标题应该改改，"这个提法现在不怎么提了"。

为什么不提了？后来，她在"七一"建党节写了一份个人党性剖析材料，认为现在很多人都存在一个"不相信"的问题。大学里提"今天我以母校为荣，明天母校以我为荣"，部队里讲的"四有""四铁"，都容易成为有些人停留在嘴上的口号。

其实，"如果你愿意相信这些目标，你就一定能够做到的，而你做到了，可以让更多的人相信"。韦慧晓知道，通过自己的努力，既可能实现个人目标，也可能有助于更多的女军人在新战位上得到认可。

她很清楚自己目前与一名合格舰长的差距：除了有很多的训练科目指标需要积累，还存在着临场指挥经验不足，将数据转化为态势能力不够……

不远的将来，韦慧晓就要走上舰艇长全训合格考核的考场。那场考核，将决定她能否取得战场“通行证”，也将决定她能否成为海军首位女舰长。

结果会是如何？

“面对自己做出的抉择，我真心迎接它带来的所有改变。”说这话时，韦慧晓抿紧嘴唇，瞪大眼睛，用力点了点头。熟悉她的人知道，那是她最笃定时的表情。

在蓝色大海间探寻油气

——记中海石油（中国）有限公司天津分公司渤海石油研究院地质总师牛成民

油气勘探没有禁区，科学探索永无止境。作为新时代的勘探工作者，我们要再接再厉、奋力奔跑，早日实现中国梦、海洋强国梦。

——牛成民

牛成民，现任中海石油（中国）有限公司天津分公司渤海石油研究院地质总师，2016 年被聘为中国海洋石油集团公司勘探专家，是一位怀抱海洋强国梦的石油科研工作者。

工作 30 年来，牛成民一直奋战在油气勘探最前线，从初出茅庐的勘探小兵到载誉满身的行业专家，他不忘能源报国初心，在蓝色大海间寻油找气，探求大油田、大气田的脚步从未停歇。他长期致力于渤海活动断裂带油气差异成藏机理、潜山天然气勘探理论、隐性走滑控藏机理等专业领域，完成的科研成果荣获省部级科技进步奖 7 项，发表重要学术论文 50 余篇。

2018 年，中国海洋石油集团有限公司（简称“中国海油”）积极响应国家号召，深入贯彻落实习近平总书记重要指示批示精神，加大国内油气勘探开发力度。作为渤海石油研究院勘探技术带头人，牛成民带领科研团队打破勘探掣肘，在沉寂了十余年的渤西老探区一举发现中国东部最大整装凝析气田——渤中 19-6 气田，让中国海洋石油的发源地再度焕发青春。这一重大发现打开了富油型盆地天然气勘探的新局面，为京津冀地区优质清洁能源供应打下坚实基础，中国东部最大整装凝析气田发现的消息被中央电视台《新闻联播》、英国路透社等数十家中外媒体播报，中国海油和渤海油田再次成为行业关注焦点。

面对勘探工作，敢当第一个“吃螃蟹”的人

中国海油渤海石油管理局办公区外，有一条林荫掩映的幽长的“回”字路。每日正午，天气晴好且不忙时，53 岁的牛成民会在这条路上顺时针走上一圈。这是他一天中最放松的一个时间段。

即便如此，了解牛成民的人一旦迎面遇见他，通常也会因“不想被他一头撞上来”而选择绕行——他那没有焦点的双眼和偶尔的一个趔趄会告诉你，他的心思还在冰冷的岩心库里、在海底数千米之下的“地宫”中、在不断更新的勘探图上。

眼圈发黑的牛成民，有一双白皙有力的巧手。他曾用它们驭球如风、在“掰腕子”比赛中力压群雄，也曾用它们刻画诗和远方、描摹故乡的风景。

更多时候，这位“勘探诗人”念兹在兹的大草原，在手机铃声中；他终日看到的向日葵，是种在花盆里的针织品；梦田里的大好河山，则是勘探图上纵横交织的线条。

过去 10 年，牛成民创新勘探理论，在别人认为缺油少气的地方取得了一系列

重大发现，指导发现了垦利 10-1、渤中 34-9、垦利 10-4 和垦利 9-1 等十余个大中型油田，为国家贡献三级石油地质储量 5.6 亿立方米油当量。

大自然的鬼斧神工，需要奇思妙想去破解，地质构造也不例外。几乎每一个经他指导发现的油田，都犹如大海捞针，像创造奇迹的神话。

渤海石油研究院油藏工程师李果营说，牛成民总能用最初令人匪夷所思、许久才恍然大悟的方式，在别人没有突破的地方取得突破。

牛成民经常说一句话：面对充满不确定的勘探工作，要敢当第一个“吃螃蟹”的人。工作 30 年来，他辗转渤海油田渤西、渤南等多个探区，做过许多在别人看来“不可理喻”的工作。

在担任渤南勘探项目经理时，牛成民发现某些油田的油水关系很奇怪，钻井和属性都揭示储层分布稳定，明明中间看起来没有断层，高的井是水，低的井却是油。面对这个传统石油地质学理论方法难以解决的科学问题，他大胆提出“隐性走滑”断裂概念及控藏机理。面对专家质疑，他敢于坚持，并带领团队完善隐性走滑机理及识别技术，最终被业界高度认可，并依此发现了莱西构造带垦利 9 亿吨级油区，成果应邀参加中国海油首届创新创效论坛和中国海油研究总院海外评价中心讲座。“隐性走滑”断裂控藏机理在中国海油国内和海外探区得到推广应用，取得了一批重要勘探成果。

无独有偶，牛成民创新建立的断裂-火山岩联合控藏模式也是在质疑声中不断完善壮大。当时他们做渤中 34-9 构造的地震解释，发现火山岩覆盖之下的地层难以形成良好的地震反射，传统方法无法进行构造解释的难题。他创新提出了断裂-火山岩联合控藏模式，通过建立断裂-火山岩耦合控圈地质模式指导构造解释。这份研究成果尽管历经无数次的审查、无数次的质疑，最终专家们不得不被他的专业和认真打动，予以通过。意料之中，也是意料之外，钻探后第一口井就获得百米油层，钻探成果获得中国海油年度油气勘探重大发现特等奖。目前，该油田已经全面投产，经济效益显著。

大油田装在地质家的“脑海里”

在渤南勘探室副主任杨海风眼中，亦师亦友的牛成民是一个矛盾体。一方面，他严谨理性、成熟稳重。日常管理、专业工作、党建团建等，哪样都缺不了他，经常要从早到晚处于“两脚悬空”状态。然而，在别人看来分身乏术的琐碎工作，又总被他认真细致、有条不紊地“炖”出了滋味；另一方面，他又是激情的化身。

石油行业有一句话：大油田装在地质家的“脑海里”。牛成民就是这样一个脑子停不下来的人，他喜欢思考，喜欢琢磨。面对繁杂的勘探工作，他始终不忘给自己留一个“安静角”，缕析每一口井的“得失”。

垦利6区目标研究是牛成民工作多年来难忘的经历之一，该区位于渤海海域的东南部，渤海油田历经40余年勘探，这里一直是勘探“禁区”，主要原因是这个地区位于渤海湾盆地的边缘，构造破碎的同时又伴随着多期火山喷发，地震资料品质非常差，难以满足钻探要求。该区构造解释方案一人一个想法，甚至同一个人睡一觉醒来想法又会有新变化，该区以往虽历经多轮次研究并进行过井位汇报，但未能通过专家审查。

当垦利6区遇到牛成民，这个勘探“禁区”便被他打了“柳暗花明”的“前站”。内蒙古汉子牛成民身上总有那么一股“轴”劲儿，他始终坚持认为垦利6区存在着巨大勘探潜力。在他的坚持下，垦利6区目标审查再次被提上日程，公司要求必须在1个月内给出设计方案。走滑断裂的形成演化和对成藏的控制作用是业界难题，需要产学研联合攻关，他就到处向领导、专家、同事请教，同时查阅大量的

科研报告，甚至把上大学的教材也翻了出来，细细琢磨。1 个月的时间，晚上和周末他都在办公室度过，饿了就泡碗方便面，困了就躺在行军床上眯一小会儿。有同事打趣说，那段日子每次去他办公室都能闻到一股泡面味儿。

1 个月后，该构造区迎来公司风险评估委员会专家的审查，他做了渤海油田史上最长的一次井位汇报，417 张片子一上午没讲完，下午又讲了 1 个小时。

苦心人天不负，更何况是被那股“牛劲”感染了的专家们。那次汇报得到大家的一致认可，一次性审查通过了 3 个井位。井位钻探实施效果之优，让昔日的质疑者也竖起大拇指——仅其中 1 口井就获得百米油层，揭示了该区巨大勘探潜力，成功揭开尘封多年的“禁区”的“封印”。

在渤西项目队那几年，渤西探区还是勘探冷区，少被关注，但牛成民始终相信渤西会有“好东西”。每当大家下班后，办公楼安静了，牛成民就把渤海油田勘探形势图铺在桌子上，细细琢磨。那几年，渤海油田的勘探热点都集中在浅层，但他脑子里装得满满的却是埋藏在渤海湾盆地深层的潜山和凹陷区天然气成藏规律这些别人不怎么感兴趣的领域。

在不理解、甚至不信任的目光下，他带领团队毅然提出了需要在渤中凹陷钻探渤海海域第一口深埋潜山井证实渤海天然气潜力。经历了多轮专家的审核，他用扎实的基础研究、可靠的地质论证征服了风险评估委员会，科学探索井（渤中21-2-1井）2011年实施钻探，并首获深潜山天然气发现。该井首次突破了渤海5000米井深，拉开了渤海海域深潜山天然气勘探的序幕，并为后续渤海天然气勘探突破——渤中19-6大气田的发现奠定了基础。

敢打硬仗，科技创新助推勘探老区走出低谷

我国天然气总产量的80%以上来自西部，而中东部地区消费量占全国天然气总消费量的70%。随着中东部尤其是华北地区环境问题日渐突出，对天然气的需求愈趋旺盛。要解决这一问题，最直接有效的一个办法是，在华北的“枕头”边——渤海湾，发现一个“及时雨”式超大规模气田。

过去60多年的勘探历程中，无论渤海油田，还是处于渤海湾盆地的其他六大油田，始终没有找到大气田，渤海湾盆地“富油贫气”似乎已成定论。但牛成民始终相信，没有哪座高峰不可逾越，他要做的就是，用“一团火”般的热忱，焐热“冷探区”。

2014年，渤海勘探整体形势向好。在牛成民担任研究院勘探研究所所长期间，几个区块都有勘探突破，唯独作为勘探老区的渤西勘探区一无斩获。虽然依靠其他区块的勘探发现就足够完成储量任务，但对于曾担任过四年渤西勘探项目经理的牛成民来说，老探区的“低迷”就像一根刺，扎在他心里，让他夜不能寐。他想，无论如何，我们也要想办法让渤西走出这十年勘探低谷！

牛成民向领导主动请缨，向公司申请，将他作为勘探专家可以申报的科研项目经费，投向当时还是勘探冷区的渤西。他的这一举动出乎所有人的意料——本该把项目放在离成功最近的地方，他却“明珠暗投”，这不是找虐是什么？只有他自己明白，这是心结。他希望把心里的那根刺连根拔出来，尽早突破这道勘探“封锁线”。

当所长很忙，日常管理、专业工作、党建团建，哪样都缺不了牛成民，经常从早到晚都歇不下来。但是协同攻关的事情，他天天放在心上，并且亲力亲为。通过产学研用一体化协同攻关，项目组创新提出先存基底共轭格局约束下的伸展-走滑

叠合断裂成因机制，提出“脊-断-盖”三元耦合纵向差异控藏新认识并建立5种油气成藏模式。理论的突破和认识的创新为渤西勘探带来了新思路，指明了新方向，一连获得了曹妃甸6-4和曹妃甸12-6两个大中型商业气田发现，并“雕刻”出了他魂牵梦绕的潜力天然气构造雏形——渤中19-6潜山。

持续突破创新，终获我国东部最大整装凝析气田

牛成民刚上任恰逢渤中19-6潜山勘探伊始，面临诸多科学难题：渤海湾盆地是个碎盘子，油气勘探60余年，一直没有大气田，渤中19-6能有多大规模？进山300米之下还有没有好储层？如果有，底界多深？渤海还没有成熟的经验和理论指导该区的勘探评价。

他山之石可以攻玉，牛成民不信渤海人搞不好潜山勘探。他带领研究院勘探科研团队，不断学习国内外古老变质岩潜山勘探经验，组织技术人员前往塔里木、辽河油田深入调研，多次邀请业界专家现场讲课、带队野外地质考察。在充分调研全球变质岩潜山“成山-成储-成藏”机理的前提下，结合渤海湾盆地特别是渤中凹陷深埋古老潜山形成演化特点，并充分学习领会老一辈地质家“矛盾论和实践论”的工作方法，通过不断地“实践—认识—再实践—再认识”逐步完善该区的成藏理论体系。

在渤中19-6气田2Sa井钻探之后，凭着对渤海潜山内幕反射特征的了解，牛成民把目光聚焦到了潜山里面那如“网格”般若隐若现的内幕断层。那阵子，他一有空就约项目成员到机房，一张张剖面仔细察看，波形显示、变密度显示、各种滤波资料在指间眼前不停切换……慢慢地，“突破传统300米储层限制”的想法出现在他的脑海里。

3井和4井均在井底显示消失时就立刻选择停钻，让牛成民觉得非常遗憾。6井在沙砾岩层系的失利，更让他承担了前所未有的压力。但这一切没有让他“加深”的信念消失，反倒越挫越勇，就像他常较劲的握力器一样，每一次反弹都会激发起更大的斗志。上百米的岩心、数百盒的岩屑、壁心，阴冷的岩心库成了他主要的办公场地。对基础数据的新一轮复查带来了很多的微观证据，岩心上那一条条裂缝和剖面上那些若隐若现的网格之间的关联开始变得清晰。

7井，是改变渤中19-6气田命运的一口关键井，牛成民和团队成员守在实时动态监控器前，抢“窗口时间”攻关论证。第一次加深、第二次加深收到显著成效。就在很多人想要见好就收的时候，牛成民没有“收手”，他继续挖掘那几根“心电图”一般的曲线潜力，并审慎地提出第三次和第四次加深建议。最终，探井加深进尺增加400多米的气层，一举确定了渤中19-6气田千亿立方米储量规模。

渤中19-6大型整装凝析气田的勘探，创造了渤海海域有史以来最大的自营发现。渤中19-6探井成功率100%，气层最大厚度440.1米，气藏高度1569米；单井最高日产气33.2万立方米、日产油338立方米；探明天然气1186.18亿立方米，凝析油11 392.85万立方米，三级石油地质储量8亿立方米油当量。除了巨大经济效益，该气田还首次揭示晚期快速沉降控制大面积爆发式生气机理、创新形成“优势矿物-多期应力-双向流体”三元共控成储机理、首创晚期构造强活动区超压动力封闭的天然气富集成藏模式等一系列理论认识。经专家鉴定，创新理论达到国际领先水平，成果对油型盆地、活动断裂带和潜山天然气勘探均具有重要借鉴意义。

就在人们沉浸在大发现的喜悦中时，牛成民却悄悄离开了——他要第一时间为渤中 19-6-7 井的一线科研人员申报奖项。

“勘探工作是一个群体性工作，只有团队协作，没有孤胆英雄一说。”这是牛成民始终坚守的一个信条。

最近这段时间，在渤中 19-6 气田附近，牛成民带领团队又摸到了下一个气田的藏身之所。他变得更忙了，那条“回”字路上，很难再见到他的身影。但他上党课时对科研团队说的一句话，似乎还在漫漫勘探路上回响：“油气勘探没有禁区，科学探索永无止境。作为新时代的勘探工作者，我们要再接再厉、奋力奔跑，早日实现中国梦、海洋强国梦。”

工作 30 年来，牛成民不忘海洋强国信念，牢记能源报国使命。他和团队指导发现大中型油气十余个，为国家贡献三级石油地质储量 5.6 亿立方米油当量，用科研工作者的创新和韧劲儿践行着海洋强国梦，为保障国家能源安全做出重要贡献。

攻坚提速　沙海建港

——记中远海运港口有限公司阿布扎比码头委派团队

光荣的使命，就算有无数困难，也要用拼搏的汗水和智慧筑起梦想登陆的码头；飞扬的青春，哪怕有再多障碍，也要为“一带一路”的国家蓝图做出闪光的注脚。“沙海建港”显现的不仅仅是国际友谊，“中国速度”见证的又岂止是中国力量。

——2019“海洋人物”现场颁奖词

阿布扎比，一座低调的城市。作为阿拉伯联合酋长国的首都，阿布扎比远没有迪拜知名，很多人知道它，是因为《欲望都市 2》电影里有句台词——“迪拜已经过去，阿布扎比才是未来”。

石油让这座城市，在 20 世纪 70 年代迅速崛起。

而今天，中国企业“沙海建港”也走进了这里。

“如果是石油改变了阿布扎比的命运，港口则预示了阿布扎比的未来。”

阿布扎比，一座现代化的新兴都市，中国远洋海运集团有限公司（以下简称“中远海运集团”），中国远洋运输的先行者，两个火花的碰撞与摩擦，将“海上丝绸之路”与“陆上丝绸之路”紧紧相连，“一带”与“一路”交相辉映。

位于“一带一路”沿线及西亚地区航运枢纽咽喉的哈里发港，是全球发展较快的集装箱港口之一，亦是联通中东、非洲及南亚地区的新兴枢纽港。哈里发港二期集装箱码头正是由中远海运集团所属中远海运港口有限公司（以下简称“中远海运港口”）与阿布扎比港务局合资经营的。

这座由中远海运集团在中东兴建的港口，为我国“一带一路”倡议增添了浓墨重彩的一笔。在这背后，有一支默默无闻的团队——中远海运港口阿布扎比码头委派团队，他们从码头动工到投产仅用了 13 个月的时间，其“中国速度”让阿联酋人惊叹。

争分夺秒　顺利开工

2015 年 12 月，国家主席习近平在北京与阿联酋阿布扎比王储穆罕默德举行会谈，就加强中阿双边合作达成重要共识，双方签署一系列合作协议，其中就有国家发展改革委牵头负责的中阿联合建设运营哈里发港二期集装箱码头项目。

中远海运港口接下了这项艰巨的任务。公司经过与阿布扎比港务局多轮谈判，于 2016 年 9 月 28 日签署了“35+5”年的特许经营权协议，建设运营阿布扎比哈里发港二期集装箱码头 1200 米长岸线以及码头陆域。

确保码头如期保质完工意义重大。成立合资公司，招标，确定勘察设计单位，确定制造和施工单位，中远海运港口迅速组建码头运营管理团队，马不停蹄地做着各项准备工作。

2017 年 9 月，中远海运港口委派的首批 3 名管理人员赶赴阿联酋开展现场工作。第一时间与阿布扎比港务局、主管机关和施工单位建立定期沟通机制，收集掌握第一手资料，在最短时间内组建起公司运营体系。

设计报批、施工许可、公司组建、人员招聘……“当时觉得工期很紧张，再加上高温、沙尘暴等，不利因素确实很多。”回想起当初的工作情形，码头总经理鞠伟平说：“尽管困难重重，但大家相信，有利条件是可以通过发挥主观能动性创造出来的。我们的背后，有强大的祖国，有中远海运集团和中远海运港口各单位的大力支持，只要有信心，就一定会有办法，就一定能完成目标任务！”

纳赛尔是最早与中远海运港口阿布扎比码头运营管理团队接触的当地港务局高级管理人员，当时他是阿布扎比港务局哈里发港的总经理，港务局指定的联系人，协助中方推进阿布扎比码头项目。据纳赛尔后来回忆说，2017 年 9 月当他看到中远海运港口只有三名委派人员时，心里很疑惑：“这样少的人手要解决各种复杂问题，这几乎是一个无法完成的任务啊！”虽然担心，但他从阿方高层的关注程度已经明显感觉到这个项目的重要性，便开始与中方团队紧密配合，专注推进项目建设。

在纳赛尔的协助下，中方委派团队密集拜访当地港务局，并与当地市政局、水电局、交通局、民防局等主管部门建立了沟通机制。委派团队仔细研究阿联酋当地法律法规、码头生产最佳实践和劳动力市场情况，迅速建章立制、充实队伍，从组织和技术上保证了生产准备、工程建设的有序推进。2017 年 11 月，委派团队前往中国第一个全自动化码头所在地——中远海运港口厦门远海码头调研自动化码头人员编制方案，12 月编制完成 2018 年人员编制和到位时间表，并根据工程建设、设备制造的计划研究提出国内支持团队现场开展工作需求时间安排，为后续人员招聘和现场团队到位明确方向。

功夫不负有心人。委派团队到达阿联酋后仅一个月，便协调好中方施工单位顺利进入码头现场施工。2017 年 11 月 5 日，中远海运港口阿布扎比码头举行开工仪式，这座“沙海建港”的中远海运集团中东第一港，引起了海内外媒体的广泛关注。

在这片沙海空地上，码头建设正式开工。这个项目工程建设工期十分紧张，施工复杂，特别是在盛夏时节的沙漠进行施工，条件十分恶劣。室外温度超过 50℃，体感温度更是达到 70℃。现场建设团队想尽一切办法，由白天施工调剂到了夜间施工，为确保工人不中暑，把制冰的设备搬到了码头现场，采用“口含冰”的方法来降温，同时也大量饮用矿物质水。

这是中国企业中东第一港，也是中远海运港口第一个海外绿地项目，并无先例可循。为克服“沙海建港”的诸多软硬件困难，中远海运港口中方委派团队仔细调研当地市场，在最短时间内制定了一系列规章制度，从制度上保证公司依法合规经营；他们克服了劳动力市场人员组成复杂，用工手续环节多、流程长的困难，调动一切资源，在短时间内建立起了一支多民族、跨文化、不同宗教、不同教育背景的国际化员工队伍，为后续的设备调试、人员培训、生产演练提供人力资源保障；他们按照当地生产实际，优化码头操作系统的业务流程，按照 2018 年 12 月开港和 2019 年 4 月商业试运营的目标，制定码头作业任务表，责任到人，实时跟进，逐项倒推时间表；他们每天不分昼夜驻扎在码头工地现场，与施工、监理和设备制造团队紧密配合，一起核查工程质量和建设进度，随时发现问题，随时协调解决，在紧抓项目质量和进度的同时确保“安全第一”；他们因地制宜，根据工程进度协调施工单位调整资源，使得机修车间及时交付；他们搭建临时控制中心，保障码头设备调试、系统实施、运营演练。

难关重重　如期开港

项目报建和施工同步开展，设备生产和测试同步进行……建设码头是一场与时间的赛跑。

随着与中方团队的接触日益增加，中远海运港口人积极忘我的工作状态，迎难而上的工作热情，精简高效的组织管理，深深感染了纳赛尔。2018 年 5 月，他加入了中远海运大家庭，从一名参与者变成了建设者，从合作方变成了管理方。

2018 年 6 月，码头第一批自动化轨道吊发运。中远海运港口工程采购部的王沈元与团队成员认真研究技术细节，向当地港务局申报卸船上岸施工许可。审核工程师认为，设备荷载超过码头设计荷载，需要改变卸船工艺，并要求在指定卸船位置卸下设备再平移到入场轨道。而这种方案将在实施过程中带来更多困难和隐患。经过反复沟通，终于发现，双方对设备卸船荷载和码头设计荷载在理解上存在差异。委派团队立即组织制造商比较码头荷载设计标准，详细核算港务局担心的数据问题，并请有资质的设计人员按码头原设计计算方式提供了计算书。问题得到顺利解决，审核工程师对方案给予了认可，并且避免了设备卸船中的重大影响，也创造了哈里发港轨道吊整机卸船的先例。

码头现有员工已充实到 122 人，其中只有 5 人是中远海运港口中方委派人员，其余 117 人全部是从当地招聘的员工。这其中包括阿联酋的副总经理，阿联酋的部门经理和员工，还有包括希腊、约旦、埃及、黎巴嫩、北非、印度、巴基斯坦和尼泊尔等 16 个国家和地区的员工，是个国际化大家庭。

这群漂洋过海来“沙海建港”的拓荒者，应时代邀约，不负使命，战胜项目工期紧、时间短、任务重、气候差、跨文化等重重困难，使项目施工进场、破土动工、设备调试、运营演练和开港等主要时间节点全部达成预定目标。

2018 年 12 月 10 日，码头如期开港。阿联酋王室主要成员，中国国家发展改革委、交通运输部相关负责人及中远海运集团、各大船公司和重要客户 500 余人，共同见证了开港仪式。阿联酋王室主要成员在致辞和面对面交流中，不止一次表示，中远海运港口阿布扎比码头项目只用了短短 13 个月的时间，就完成了从动工到投产的过程，是奇迹，也出人意料。

阿布扎比码头为自动化码头，水深 16.5 米，可容纳超过 2 万标准箱的大型船舶。码头年设计能力为 250 万标准箱，年处理能力为 150 万标准箱。该码头首创了世界第一个平行岸线布置堆场采用单悬臂自动化轨道吊堆场工艺布局，首创自动化轨道吊空箱密堆工艺，岸桥采用基于视频流人工智能技术的集装箱和牵引车识别系统，试验取得成功。码头主要智能技术特点：全球第一个全部采用单悬臂自动化轨道吊堆场工艺布局的自动化码头；全自动化堆场，岸边装卸设备预留自动化远程操控等，实现码头操作全自动化；集装箱卡车（简称“集卡”）水平运输，未来采用无人驾驶技术。

这个项目除了码头建设，还有中东最大集装箱货运站的建设和运营。货运站占地约 27.5 万平方米，也是该地区首个半自动化货运站，可提供全部和部分保税集装箱运输、一系列集装箱包装服务、非整合货物的短期仓储以及连接哈里发港集装箱码头。

努力付出　目标实现

2019 年，阿布扎比码头委派团队以实现按期投产和实现平稳运营的两个阶段性目标贯穿全年工作主线，抓时间抢进度，组织架构搭建、人员招聘、资质获取、建章立制、系统实施、员工培训、设备调试、生产演练、营销推介等工作并行推进和持续优化。组织架构上，认真学习和借鉴海外和国内码头的最佳实践，经反复研究讨论，并结合阿联酋当地港口的操作模式对组织架构进行持续优化和完善。用工模式上，经调研阿联酋劳动力市场的情况以及港务局和阿布扎比哈里发港一期码头运营实践，明确了管理类员工直接招聘，操作类员工从岸桥、场桥司机中直接招聘，其他一线员工如装卸工、内集卡司机、保安、物业等采取劳务外包的形式，兼顾保证安全和节约成本的同时，保证用工灵活。考虑到码头建设和生产准备要同步，码头人员招聘上把握“优先招聘具有丰富经验的人员，有在其他码头特别是海湾地区集装箱码头的相关工作经验，做过大型集装箱船的人员”这一原则，正是由于招聘过程中坚持招聘熟手，从而确保了员工到位后只需经过短暂培训和联合演练，就可形成战斗力，为后续码头生产提供了坚强的人力资源保证。建章立制方面，按照中远海运集团及中远海运港口有限公司要求，结合当地法律和主管机关要求，围绕安全生产、内部报告、授权范围、财务管理等制定规章制度，把控中资企业运营风险。公司同步搭建物资管理系统、财务系统和人事系统在内的码头信息管理系统。对于码头来说，船公司客户是关键。尚未运营的阿布扎比码头启动超前市场营销，2018 年起，先后前往新加坡、法国、德国、中国台湾与“海洋联盟”及各主要船公司进行拜访和推介，参展首届中国国际进口博览会，通过展会现场和专场推介会等多种形式对码头进行宣传推介。调研海湾区域周边港口航线情况，收集费率和货流信息，利用各种机会推介，提前让船公司、物流公司和客户了解码头。

经过一年多的努力与付出，目标终于实现。这支团队已然顾不上追溯年初——码头 A/B 区堆场和进出港道路尚未交工验收，桥吊、轨道吊等设备还在单机测试调试，一些设备还未到货，设备间、系统间的联调不能进行，生产过程的全流程演练不具备条件，所招聘的国籍不同、背景多样的各岗位人员尚在陆续到位，就迎来第一个挑战——2019 年 4 月的商业试运营。

“万事俱备，只欠东风”——“海洋联盟”中东航线计划已确定，大船上线的时间节点已确定。这支在沙漠中跋涉的队伍深深懂得，逆水行舟，不进则退。大家的目标十分明确：迎难而上，整合所有资源，尽快形成生产力、战斗力，按时投产，迎接大船的上线。

码头与岸线平行的堆场布局以及单悬臂轨道吊下水平运输时内、外集卡交会的模式世所罕见，招聘的员工无论新老对此均闻所未闻、见所未见。在 2019 年 1—3 月的演练中，花费了大量时间对单悬臂轨道吊下混合车道工况进行针对性演练，探索和总结符合单悬臂轨道吊下混合车道的流程解决方案。通过编写指导手册，加派督导指挥人员，帮助内、外集卡司机尽快熟悉场地行车路线和单悬臂下混合车道的作业模式。在闸口道路堆场仍在建设、设备系统仍在测试调试的情况下，精心设计船舶作业演练方案，进行各种测试演练上千次，全员演练 48 次，其中包括 5 次实船演练。

及时获得运营资质是实现码头成功试运营的关键环节之一。公司提前着手，充分调研本地对于码头运营资质的要求并利用当地资源进行核批。码头安全管理体系文件 2 月审批一次性通过，3 月取得安保证书，从而确保了码头可以在 4 月如期开始商业试运营。

码头首艘1.4万标准箱大船“中海水星”轮即将“光临”，该船长366米，宽51.2米，载重15.5万吨，是名副其实的“海上巨无霸”。为顺利接卸，中远海运港口营销、工程技术和宣传等部门发起了总动员。从国内首装港青岛港开始全程跟踪船舶动态，提前了解船舶规范，对作业流程中关键岗位进行专项培训，组织一线员工，通过系统沙盘推演，安排实船测试，进行全天候、多工况的生产演练，仔细模拟船舶作业环境，进行船舶作业桌面推演，确定各部门船舶作业保障方案，提前进行应急演练。

2019年4月20日，“中海水星”轮平稳靠港。5月4日，码头迎来首艘2万标准箱货轮——“中远海运双鱼座”轮。半个月之内，从1.4万标准箱到2万标准箱，中远海运阿布扎比码头的作业能力在不断增强。值得一提的是，当天除了“中远海运双鱼座”轮，还有一艘2000标准箱的支线货轮同时靠泊，这也是阿布扎比码头三天之内，第二次实现双船同时靠泊作业。

在商业试运营后不到一个月的时间内，码头成功接卸两艘2万标准箱集装箱货轮。继1.4万标准箱“中海水星”轮、1.9万标准箱“中海环球”轮、2万标准箱“中远海运双鱼座”轮后，5月25日更是迎来2.1万标准箱集装箱货轮“中远海运太阳”轮靠泊。中远海运港口阿布扎比码头员工艾利克斯高兴地对前往直播的中央电视台记者表示：“我很高兴自己是（阿布扎比码头）项目的一员。我见证了这个码头从零开始，一直到现在映入我们眼前的这个样子。这是中国‘一带一路’倡议的一部分，我很高兴参与其中！”

随着码头顺利投产和全面运营，在确保安全生产的前提下，阿布扎比码头公司积极优化堆场策略、设备功能和业务流程，强化现场管理，建立健全考核与反馈机制，在短短几个月的时间内实现了操作效率的稳步提升。

2019年的中远海运港口阿布扎比码头共完成38.63万标准箱作业，靠泊307条船舶。目前，码头已经拥有两条干线和多条支线，月操作量超过5万标准箱。能够在短短8个月的时间内实现码头集装箱量和效率稳步提升，在世界范围内的港口圈中，对于运营初期的新码头来说尚属首例。中远海运港口码头服务能力的赋能升级，也让阿布扎比哈里发港从世界排名第89名跃入前25名，逐步成为海湾地区具有竞争力的重要航运枢纽。

未来，中远海运港口阿布扎比码头委派团队将致力于进一步提升码头的运输能力，努力将阿布扎比建设成为中东地区的主要集装箱门户口岸和重要枢纽港，更好地服务于“一带一路”倡议。

风口浪尖上的一朵“白玉兰”

——记上海海事局“海巡 01”轮二副詹春珮

我们这个职业，总结起来就是八个字：一丝希望，百倍努力。你不知道你什么时候多做的一丝努力，就能多救回来一个人，哪怕一个人也好。

——詹春珮

詹春珮是上海海事局东海海巡执法总队“海巡 01”轮二副，也是中国交通海事系统第一位无限航区女驾驶员。她率先以女性身份闯入航海领域，先后参与 MH370 客机搜救、南海岛礁建设、“桑吉”轮事件处置等海上重大任务近 20 起，航程累计可绕地球 4 周。

詹春珮还是“海巡 01”轮爱国主义教育基地的首席讲解员，热情接待来自五湖四海的参观者。由她主导的“航海体验”项目一经推出就备受好评，被评为“上海市爱国主义教育基地优秀讲解员”。

2019 年 5 月 21 日，某海域。海风呼啸，云翻浪卷，执行远海巡航任务的“海巡 01”轮正在海上驰骋，驾船的是“90 后”女二副——詹春珮。她是“海巡 01”轮自主培养的第一位驾驶员，也是中国交通海事系统第一位无限航区女驾驶员。

这只是詹春珮的一次例行巡航。5 年来，她的航迹遍布东海、南海，甚至遥远的南印度洋，航程累计可绕地球 4 周。

在大多数人的印象里，航海的世界历来属于男人。但也正是在这个几乎是女性禁区的领域，温柔、恬静的年轻姑娘詹春珮做到了“巾帼不让须眉”。熟悉她的人都称她为风口浪尖上的“白玉兰”。

不畏艰辛　让“幽灵船”无处遁形

大副、二副是船长的左膀右臂。“海巡 01”轮，排水量 6450 吨，续航能力 10 000 海里，是我国第一艘同时具有海事监管和救助功能的大型巡航救助船。

2019 年 6 月 10 日下午 4 时 55 分，正在长江入海口执行巡航任务的詹春珮发现了一艘可疑船只“宏浦 228”。东海海巡执法总队“海巡 01”轮值班船长徐剑扬随即向船舶喊话：“请立刻停船接受检查。”

面对巡航喊话，“宏浦 228”轮起初予以回应，之后保持沉默，并且一再试图逃逸。这是一艘悄无声息的“幽灵船”。詹春珮解释说：“我们看不到它的船舶自动识别系统（AIS）信号，而且我们呼叫它，它也没有应答。这种船有意关闭 AIS，又不理会相关部门检查，一般来说都是有问题的。我们俗称它为‘幽灵船’。”

长江口每日船只流量达 3500 艘次左右，数百条国际国内航线在此交汇，是全球管理难度较高的水域之一。而此刻，这艘“幽灵船”在反航道航行，相当于在陆地的高速公路上逆行，严重威胁到其他正常航行的船舶安全。詹春珮的原则是发现了它，就绝对不会放过它。

“‘宏浦 228’请掉头进口，不要妨碍其他船舶安全行驶。”徐剑扬继续喊话。一次次追查之下，“幽灵船”终于有了回应。可它口头答应接受检查，实际却在悄悄转向。此刻正值落潮，出口航道船舶量逐渐增多。詹春珮配合船长指令，一边紧“咬”着“幽灵船”，一边避让其他船舶。

“‘宏浦228’，请立刻停船。”詹春珮紧盯着船舶自动识别系统，徐剑扬再次试图跟“幽灵船”沟通，紧追不放。“幽灵船”明白无法摆脱“海巡01”轮的追踪，竟然铤而走险，朝“海巡01”轮撞了过来。

“它是一艘重载的油船，我们第一时间也考虑到它经过这样一下撞击，人员会不会受到伤害。”在船长的指示下，詹春珮将此突发状况迅速上报给东海海巡执法总队。

随后，“海巡01”轮利用左满舵，拼命地甩尾，以减少撞击力。经检查，船舶左舷中后部轻微受损，舷墙有轻微凹陷。而肇事船艏部凹陷，所幸两船并无人员伤亡。

在追查“宏浦228”轮期间，詹春珮一直将执法进展实时报告东海海巡执法总队指挥中心。通过执法总队的协调，海事、海警、长航公安船艇先后出动。

夜色渐浓，能见度不足200米，“幽灵船”索性将船上所有灯光全部关闭，企图隐蔽逃逸。而“海巡01”轮配备了光电取证系统，能识别2海里内的船舶，并对其锁定、跟踪、录像，让“幽灵船”无处遁形。

22时15分，“海巡01”轮的探照灯照射着违章船，违章船没有任何灯光，依然没有船舶自动识别系统信号。在多方力量的配合下，22时25分，“幽灵船”被成功拦截。因涉嫌走私，船上人员被海警带走。詹春珮终于松了口气。

追逃结束，“海巡01”轮把涉事船舶开到指定地点接受调查后已是半夜。6月11日凌晨0~4时，历经长时间海上昼夜大追逃的詹春珮有些疲惫，她捋了捋头发，继续在驾驶室值守夜班。

海上巡航，这是一项非常辛苦的工作，女性上船出海更是没有先例。一些质疑的声音也曾传入詹春珮的耳朵，但这更加坚定了她做好这项工作的决心。

“现在船舶科技不断发展，理论上讲，女性在船上工作没有问题。社会的一些偏见，可能对此会有很多怀疑。但怀疑是别人的事情，我自己既然有这样的机会，就要试一试。我不试，怎么知道我不行。”詹春珮笑着说。

敢闯敢试　“女汉子”情系航海业

面对旁人的惯性思维与质疑，詹春珮似乎比谁都要清楚自己前进的方向。“我想通过自己的努力，改变大家对我们这个行业的偏见；我想通过自己的身体力行，为更多想要上船工作的女孩子们闯出一条正名的路。”

高中开始，詹春珮就向往海员这一极具价值感的职业，也在身体素质等方面做足了准备。大学填报志愿时，她在所有提前批专业里优先选择了“航海技术”。

2009年，詹春珮如愿考入上海海事大学。她对航海的向往其实有迹可循。“我的哥哥是一名海军，我从小受他的影响，但是真正想从事航海，还是因为在学校所学的一系列专业知识，那时我总想着要去航海。”

大学三年级那年航行实习，詹春珮迎来了第一次出海。人生中每一个第一次总是记忆犹新：“第一次出海是去韩国，刚出海就遇上寒潮，几乎吐了一路。我试过很多对付晕船的办法，结果发现越挣扎，只会吐得更厉害。”如今再谈起，詹春珮笑个不停，“因为我属于平衡感比较好的那一类人，平衡感越好，反而会晕得越厉害”。

显然，晕船并没有阻挡詹春珮的航海梦。“大家都是这样熬过来的，怎么会因为这点小情况就放弃自己的梦想。”

詹春珮回忆，常有人劝她说，海上的潜在风险很大，对女性心理和生理的考验都是巨大的。航海不适合女孩子。“但是，我跟很多同班的女同学都有过约定，如果有机会上船，要一起上船。我们一起许过这样的愿望。”

然而，詹春珮的航海梦并没有想象中顺利。她渐渐发现，国内能为女生提供航海岗位的船舶公司少之又少，驾驶船舶的女性更是屈指可数。

2013年，詹春珮从上海海事大学毕业后，通过国家公务员考试考入了上海海事局。按惯例，女性不用扬帆出海。可这位来自西施故里浙江诸暨的姑娘，却不愿当“病西施”，而是立志登上远洋航船，成为一名真正的海员，当一名逐梦深蓝的海上“花木兰”。

2013年4月16日，“海巡01”轮正式入役。这是一艘拥有世界领先水平的多功能大型巡航救助船，承担着维护我国海上交通安全、维护国家主权、保护海洋环境的重要使命。通过一年的上岗培训，詹春珮经过层层选拔，成功踏上了“海巡01”轮的甲板。

那一瞬间，詹春珮觉得自己终于来到了可以伸展拳脚的舞台，而她同样没有辜负这个舞台。

机会总是留给有准备的人。2014 年 3 月 8 日，马来西亚航空公司的 MH370 客机失联。航海专业出身、刚刚加入上海海事局的詹春珮主动请缨，跟随“海巡 01”轮前往南印度洋参与失联客机搜寻任务。“当得知‘马航’的搜救人员需要换批，我就很直接地表达了意愿。当时，我只想着不要错过这次机会。”她坦言。

詹春珮并非完全没有顾虑。她虽然学习的是航海技术，可从未有过船上工作经验。她深知，作为航海人员，每一次任务都与国家荣誉有着紧密联系，每一次航行都承载着责任与使命。彼时还是“菜鸟”船员的她，担心自己拖累了大家。尽管如此，她仍然要勇敢地闯一闯。

大海行舟，前路茫茫，詹春珮特别担心自己会生病拖累大家的工作进度：“刚开始的时候，有一次在舱里不知道外面起了浪，百爪挠心似的难受，总担心自己是生病了。第二天听到其他人聊天才知道昨晚起了浪，原来自己是晕船，才放下心来。”但是到目前为止，詹春珮从未因病出现工作失误，她以顽强的身体素质，从一个晕船的“菜鸟”成长为一名优秀的女驾驶员，驾驶着“海巡 01”轮一次又一次远航。

毫不退缩　海上搜救不让“须眉”

海上搜救是时间与生命的赛跑，必须 24 小时全天候待命。

在 2014 年马来西亚航空公司 MH370 客机搜救行动中，詹春珮所在的“海巡 01”轮是最早赶到南印度洋的中方舰船，同时也是最重要的中方搜救现场指挥船，不仅要负责与各国搜救团队的沟通协调，指挥中方舰船开展搜救行动，还直接承担了 24 小时拉网式搜寻，任务艰巨繁重。

彼时，刚刚结束初任培训的詹春珮没有丝毫犹豫，毅然前往南印度洋参与搜寻失联客机的任务，成为“海巡 01”轮上唯一一名女性驾驶员。搜索区域处于南印度洋的“咆哮西风带”，它环绕在南纬 40° 至 60°，也就是紧邻南极大陆的低压区，常年盛行五六级的西风，带来四五米高的浪涌，晕船的困扰如影随形。“第一天就吐了十次左右，从那时起，我都会随身携带塑料袋，感觉不对马上拿出塑料袋准备好，防止‘现场直播’。”因为害怕被赶回去，晕船的时候，她还总会悄悄躲起来。

詹春珮的韧劲超乎了所有人的预想。作为船上唯一的女驾驶员，她克服了印度洋西风带常年风急浪高的恶劣海况，谢绝了特殊照顾，除了每天坚持完成8小时航行值班任务，还协助开展搜救协调，与中外各方沟通联络，下班后还要对全船近300项消防救生设备进行保养维护。

这场历时216天、航程22 371海里的大搜救，让詹春珮在国家重大任务中得到充分历练，逐渐成长为战风斗浪的海上“花木兰”。

实际上，每一次巡航搜救的背后都不免危机四伏。2018年1月6日20时许，长江口以东约160海里处，巴拿马籍油轮“桑吉”轮和中国香港籍货轮“长峰水晶”轮在东海海域发生碰撞，装载着13.6万吨凝析油的“桑吉”轮起火爆燃，30名伊朗籍船员和2名孟加拉国籍船员失联，举世关注。

接到任务，詹春珮立即随“海巡01”轮紧急出航，赶赴现场救援。“凝析油在海上泄露在世界上都是第一次，对于这个油种的特点和危害程度，当时大家都没有概念。”抵达现场半天后，詹春珮和团队才从后方传来的消息得知，凝析油气体会对神经系统造成不可逆的损伤，立即指挥现场救援船舶在非必要情况下与“桑吉”轮保持3海里以上的安全距离，其他过往船舶保持在10海里以外距离通过。

“整个现场最明显的就是冲天的浓烟，人可能已经救不到了。”回忆起当时的情景，詹春珮哽咽了。

“桑吉”轮13.6万吨凝析油在海上燃起熊熊大火，“海巡01”轮作为现场指挥船，协调中外各方救助力量，顶住恶劣天气，坚持在现场开展人员搜救和海上消防清污。

“‘桑吉’轮就在我们面前，可能一条船上所有的人都在里面。但我就只能眼睁睁地看着它起火，没有办法靠得太近，没有办法把船上的人再救出来。”回忆当时的经历，詹春珮红了眼眶。

面对烈焰肆虐、浓烟冲天、大量释放有毒气体并随时可能爆炸沉没的“桑吉”轮，詹春珮在船长的领导下，统一协调指挥陆续赶到现场搜救的中、日、韩3国共计27艘船舶进行搜寻救助、应急消防和防污染处置，为登上遇险船舶搜寻失联船员和船舶“黑匣子”创造了条件。“有时候还是需要抵近观察和取证，离‘桑吉’轮最近时大概只有300米。”面对潜在的诸多风险，詹春珮却说：“我们只是践行了作为海上搜救人员的职责。”

1月13日，上海打捞局专业救助船“深潜”号的4名佩戴空气呼吸器的搜救人员通过吊臂冒险登上“桑吉”轮，最终找到两具遇难船员遗体和“黑匣子”。第二天16时45分，“桑吉”轮爆炸沉没。

“桑吉”轮爆炸沉没后，詹春珮又随“海巡01”轮紧急投入沉船应急扫测、打捞和油污处置任务，始终坚守在搜救和应急处置第一线。

“最后，我们又花了几个月，利用‘深潜’号水下机器人，包括潜水，把2000吨的燃油从水里给抽出来。”东海海巡执法总队“海巡01”轮船长姜龙回忆说。

在“桑吉”轮沉没后，外国专家曾预言，此次事件将带来前所未有的海洋环境灾难。“海巡01”轮及相关海事人员进行了为期8个月的海面油污清除工作，打破了外国专家的预言。

“从1月到8月，在整个救助过程中，我们经历了冬天的寒潮、春天的低气压、夏天的台风，‘桑吉’轮的处置可以说是很成功的。”詹春珮说。

“海巡01”轮返航那天，海豚也回到了这片海域，为中国海事工作者送行。詹春珮说：“返航时风浪很大，海浪都已经涌到甲板上来了。一开始，我们列队列得很好，但后来船左右摇晃，人也站不稳，虽然最后队伍没有那么整齐，但我们还是坚持完成了升旗仪式。”

“不管是对‘马航’客机还是对‘桑吉’轮，我们都尽到每一分努力。这一方面是对生命的尊重，另一方面，现场的搜救能力也是国家间海洋实力的较量。”詹春珮这样诠释她的坚守。

令詹春珮记忆最深的是2015年11月27日的一次渔船救援。“那时，第一轮搜救已经结束了，虽然没有找到生命迹象，但我们觉得应该再试一试。船整个翻扣在水面上，所以还保留了一些空气，渔民可能还有生还的希望。”最终，詹春珮和同事们冒着巨大风险，在没有专业设备防护的情况下跳上船舶底部，在敲击船底时，听到了幸存者的回应，从翻扣了36小时的渔船上救出了幸存渔民。

“我觉得每一次搜救都是难忘的，因为生命面前没有大小之分。”詹春珮感慨地说，“我们这个职业，总结起来就是八个字：一丝希望，百倍努力。你不知道你什么时候多做的一丝努力，就能多救回来一个人，哪怕一个人也好”。

一丝希望，百倍努力。这是詹春珮和无数从事海上搜救的工作者共同奉行的信条。

面对无处不在的海上风险，詹春珮毫不退缩。她曾对腐烂尸体勘验取证；听到渔船上有受伤渔民寻求帮助，她会第一时间冲到船长面前要求分配任务……自从登上“海巡 01”轮以来，几乎每一起重大搜救行动都能看到她的身影。她用一名女性的侠骨柔情诠释着责任和担当，捍卫着一方海域的安全。

“你永远不会忘记，每当你挽救一条生命后，那种发自内心的喜悦和成就感。”这正是詹春珮所珍视的东西。忘记自己的安危，放弃自己的时间，去寻找、去拯救从未遇到过的人。

“巾帼不让须眉！这小姑娘真是了不起！”同事们都忍不住竖起大拇指夸赞詹春珮。

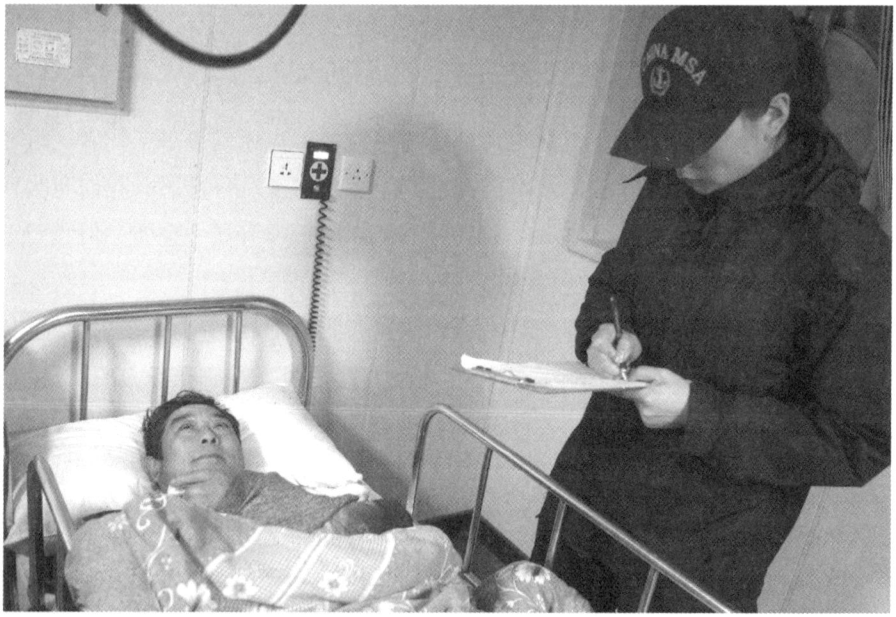

无悔付出　投身海洋强国建设

詹春珮既是船员，又是海事执法人员。她目前是“海巡 01”轮上的二副，主要负责航线绘制、航行驾驶等。作为“海巡 01”轮劳模创新工作室的重要成员，她和团队不断从重大任务中总结经验，积极探索理念、制度和技术创新，努力将“海巡01”轮打造成移动的海上综合执法单元。

此外，詹春珮还投身“网络信息化设备在海上救助中的综合运用”课题研究，改变了传统的纸质海图作业方式，以计算机精确计算为依托，对海上搜寻救助工作进行量化管理，解决了以往搜救覆盖水域不精确、手工作业量大等技术难点，提升了“海巡01”轮对参与搜救船舶的精确化指导能力，使海上生命搜寻效率得到有效提升。

值得一提的是，詹春珮制定完成了“海上移动综合执法单元海区技术执法规范”，并研究开发了网络版执法规范软件，用菜单化选项将不同海域（内水、领海、专属经济区）、不同船舶（中国籍、外国籍）的违法类型及相应的执法手段、执法流程、取证内容等明确分类，从而指导海区执法人员更加规范地开展执法，提高了海事部门对我国管辖海域的巡航执法能力。

“海巡01”轮是上海首个移动爱国主义教育基地。每到“六一”儿童节，很多孩子都会来到船上，詹春珮就带着孩子们参观，把发生在海上的故事讲给孩子们听，也在孩子们心中种下一颗蓝色海洋的种子。

“我们每次去南海的时候，都会带上我们船舶定制的明信片，去那边的邮局盖上邮戳，然后送给小朋友们。我们想要让他们了解，我国为南海岛礁的建设付出了巨大的努力。”在詹春珮看来，“建设海洋强国，提升公民海权意识非常重要”。

作为“海巡 01”轮爱国主义教育基地的首席讲解员，詹春珮经常放弃节假日休息，热情接待来自五湖四海的参观者。两年多来，“海巡 01”轮团队累计接待社会公众参观 5502 人次，举办各类航海主题活动 34 场次。其中，由詹春珮主导的“航海体验”项目一经推出就备受好评。她也被评为“上海市爱国主义教育基地优秀讲解员”。

“这个岗位适合我，能做自己喜欢做的事情，这本身就是非常幸运的。”詹春珮很满意自己的现状。如今，她已是我国交通海事系统第一位无限航区女驾驶员，也就是说，她有能力在可供海船航行的一切水域航行。

巡航搜救在一线，守护着无数家庭的团聚，可詹春珮却很久没有回家了。“我们的搜救工作需要 24 小时待命。父母一直很支持我的工作，哪怕最初我选择上船时，他们也没有丝毫的阻挠。因为在父母心中，在我心中，能为国家奉献一份力量是很光荣、幸福的事情。”

女儿在海上为国巡航，父亲詹国满也在自家楼顶挂上了一面国旗。詹春珮的母亲王明丽说，女儿从小就比很多男孩子还好强。上大学时，女儿参加了学校的舞龙队，还是龙头。“她选择了这个行业，我们都支持她，并为她骄傲。”

而詹春珮总觉得，自己还只是一个追梦路上的青年，不希望现在就成为父母夸耀的对象。“怕立誓立得太早，有什么愿望或者理想，还是更多地埋在心里。如果想告诉别人，我更情愿用实际行动去告诉别人。”她说。

父亲詹国满总喜欢将女儿带回来的各类文化衫穿在身上，他觉得这样离女儿能更近一些。女儿成为船员后，这对从未见过大海的夫妻，买了一个地球仪，他们最大的爱好就是辨认各个海域，想象着女儿在海上驰骋的飒爽英姿。

在业余时间，詹春珮是一位水彩画手，烂漫的星空银河是她最钟爱的描绘对象。谈及自己的兴趣，詹春珮这位直面惊涛骇浪的女航海员也像其他“90后”女生那样，兴致勃勃地介绍了自己的爱好：“我报班学过一阵子水彩，每次画人都觉得画残了，但是画星空却有如神助，大概是因为每次看到星空都能感觉到一种治愈的力量。”

长距离的远航，无疑是一种精神和肉体上的巨大挑战。但是每当抬起头，浩瀚无垠的星空，总能抚慰詹春珮这位远航者的焦躁与不安。

“马航”失联客机搜救返程时，詹春珮在万籁俱寂的南印度洋看到绚丽的星空，无数颗璀璨的星星静静地躺在天幕之上。“当时觉得特别纯粹，内心也沉静了下来，开始回忆过去，并思考未来。”詹春珮说，“我不着急成为船长，我还有很多需要学习，还有很多需要锻炼，我希望自己可以更扎实一点”。

一分耕耘，一分收获。詹春珮的优秀事迹就像一颗颗为远航者指明方向的星星那样，指引着一批又一批的后辈奋发向前。目前，上海海事大学、集美大学的航海技术专业都长期招收女学员。以詹春珮为榜样，2015年至今，每年都有优秀女性加入海事一线巡航执法队伍，越来越多的女性选择将青春奉献给祖国和辽阔的大海。作为学姐，詹春珮想告诉学妹们：“你要有自己的目标，并敢于大胆地说出来。要敢想！敢说！敢做！”

如今，上海海事局已有3名在船的女性驾驶员。詹春珮也似乎更深地领悟了身上所肩负的责任与使命，“我记得那次将被困36小时的遇险人员救出时，正好赶上落日，那是我最难忘的夕阳”。

许多女孩的桌上都会摆满不同色号的口红、化妆笔，而詹春珮的桌上却放着不同色号的水彩、画笔和铅笔，她画下大海，画下灯塔，画下星空，也画下了自己的“船长梦”。在她的梦里，当海浪撞上礁石，就会绽开一朵朵浪漫的花，它的名字叫浪花。

利“舰”出航，与大海做伴，逐梦深蓝，也是青春别样的浪漫。詹春珮很庆幸自己当初的选择。如今，她早已考取了大副证书，成长为“海巡 01”轮的见习大副，正在一步步向她的“船长梦”靠近。

“我想成为一名女船长。”詹春珮笃定地相信，“只要你知道去哪儿，全世界都会为你让路”。

守望黄海滩涂上的乡愁

——记江苏滩涂馆馆长周士辉

心若没有栖息的地方，到哪里都是在流浪。一个人即使有再多的金钱，如果失去了乡愁，就失去了精神的家园、梦想的家园，就是一无所有、名副其实的肉体流浪者。我这一辈子要做的就是守护好乡愁，守护好子子孙孙生息繁衍的土地，让梦想和幸福不断传承！

——周士辉

生在海边、长在海边的周士辉，对海洋和滩涂有着深深的情结。然而，随着经济社会的快速发展，特别是海洋开发的深入推进，海洋和滩涂遭受破坏和污染的现状，激发了他保护海洋和滩涂的责任感、使命感。2017 年，由他一手创办，总投资 800 多万元的全国首家以滩涂为主题，独具特色的科学普及教育展览馆——江苏滩涂馆免费对外开放。

他把取之于海洋的财富，又回报于海洋，以实实在在的行动召唤着人们、引领着人们。他要让黄海滩涂上鱼虾蹦跃的美景、海子牛负重奋进的脚印、先辈们开垦拓荒的足迹成为永不消失的乡愁，让保护海洋滩涂、科学开发利用海洋滩涂成为全社会的思想共识、自觉行动。

如东县政协委员、大豫镇商会副会长、如东鑫磊滩涂开发有限公司董事长、江苏滩涂馆馆长……周士辉的名字前面，可以有一长串定语。

生在海边、长在海边，周士辉对海洋和滩涂有着深深的情结：出资 800 多万元建造了全国首家以滩涂为主题的科普教育展览馆——江苏滩涂馆；承办了全国首个滩涂文化论坛，近百名海洋及滩涂领域专家围绕滩涂资源可持续利用问题进行了深入探讨；组织资深的教育专家编撰全国首部以滩涂为主题的地方性中小学教材——《江苏沿海滩涂》；举办了全国首个具有地方特色的滩涂文化节。

周士辉把取之于海洋的财富，又回报于海洋，以实实在在的行动召唤着人们、引领着人们。他要让黄海滩涂上鱼虾蹿跃的美景，海子牛负重奋进的脚印，先辈们开垦拓荒的足迹成为永不消失的乡愁，让保护海洋滩涂、科学开发利用海洋滩涂成为全社会的思想共识、自觉行动。

“心若没有栖息的地方，到哪里都是在流浪。”周士辉说，“一个人即使有再多的金钱，如果失去了乡愁，就失去了精神的家园、梦想的家园，就是一无所有、名副其实的肉体流浪者。我这一辈子要做的就是守护好乡愁，守护好子子孙孙生息繁衍的土地，让梦想和幸福不断传承！”

这位黄海滩涂上的乡愁守望者，荣膺“2019 年度中国海洋人物”称号。2019 年“海洋日”活动组委会授予他的颁奖词写道：脚下那一片美丽滩涂，让他的心灵之树，挂满了热爱的音符。人生中的几次重大选择，都牵着他的手回到了这片滩涂，让他对大海前那一湾浅浅的印迹，积聚起乡愁般的苦恋。因为这种乡愁，痴情的守望里到处都埋下他的身影。

目睹滩涂变化，倍感痛心

生在海边、长在海边的周士辉，对海洋和滩涂有着太深太深的情结。在他的心中，这片土地就是哺育他、滋养他的母亲，就是赋予他智慧和情怀的父亲。随着经济社会的快速发展，特别是海洋开发的深入推进，他的心情却一天天沉重起来、焦灼起来，他觉得这个曾经青春焕发、生机勃勃的“母亲”正在日渐憔悴衰老。被欲望蒙住了双眼，丧失了理智和良心的人们，有的无止境地索取她，恨不能吮干她的乳汁，吸干她的血液；有的无休止地糟践她，把她当作了排污池、填埋场……

如东拥有着106千米绵长的海岸线，104万亩（1亩≈666.7平方米）广阔的沿海滩涂湿地，滩涂面积约占全省面积的1/9，如东的滩涂就是地貌学中所说的“潮间带”。要利用滩涂，方法就是围垦。1949年以来，如东一共进行过32次围垦，如东鑫磊滩涂开发有限公司近2万亩的滩涂就是当年的垦区之一。

江苏如东鑫磊滩涂开发有限公司自2009年创办以来，坚持走“产出高效、产品安全、资源节约、环境友好”的绿色发展之路，累计投入达5亿元，发展滩涂养殖面积达14 000亩，成为江苏地区沿海开发的龙头企业。作为公司负责人，周士辉说，多年从事滩涂开发与海产品生产，让他对海洋文化产生了深厚的情感。看到过去布满江苏沿海滩涂的野生雪蛤、银蛤等两栖动物及贝类动物如今近乎绝迹，红文蛤、大竹蛏等在市面上也成了“稀罕物”，他倍感痛心。

一位老渔民叹息着跟他说：“这年头，海里的鱼虾越来越少了，如果把鱼子鱼孙都捕光了，到时候，我们还拿什么交给子孙后代呀！”一次去学校慰问，一个小女孩画了一张漫画送给他，画上画着一只鲸从布满垃圾的大海里探出头，大声叫着：“救救我！”小女孩在画的下方醒目地写着“海洋的呐喊”。一次次，周士辉被刺痛着、震撼着、警醒着，愈发感到肩上的责任重大。

一段时间，周士辉常常有一种冲动，总是想着要为保护海洋、保护滩涂做点什么。他苦苦思索着、探寻着，在国外参观一家海洋贝类展览馆时突发灵感：“如东是滩涂大县，何不创办一家滩涂馆，让人们了解滩涂、认识滩涂，唤起人们保护海洋滩涂、科学开发利用海洋滩涂的思想自觉和行动自觉？”他的想法得到了国家和省、市相关部门的认可与支持。

创办江苏滩涂馆

周士辉立即行动起来。2017年3月1日，经过高起点规划、高品位设计，总建设面积700平方米、总投资800万元的江苏滩涂馆建设启动。周士辉视滩涂馆如己出、如生命，全心投入、全力以赴。展馆建设没有场地，他想方设法，把养殖场的两层办公大楼腾了出来。相关资料短缺，他不辞劳苦，深入渔民家中收集原始的下海捕捞工具，远赴海南等地寻购砗磲、玳瑁和“四大名螺”等珍贵海洋物种的标本。每天，他都会到施工场地细致检查、细心品味，连一点瑕疵也不放过，就像艺

术家一样如痴如醉地雕琢着自己的作品。

历时四个多月的艰苦努力，倾注着周士辉的热情和心血，凝聚着社会各界智慧和汗水的江苏滩涂馆，如同一个新生的婴儿呈现在世人面前。

2017年7月22日，江苏如东县大豫镇东凌滩涂上彩旗招展、鲜花如簇，洋溢着节日的喜庆气氛。这一天，周士辉迎来了人生中的又一历史性时刻：由他一手创办的全国首家以滩涂为主题，独具特色的科学普及教育展览馆——江苏滩涂馆正式开馆。

江苏滩涂馆由“鑫磊滩涂崛起”“如东与通州湾”“江苏滩涂开发”和“滩涂科普知识”四个分馆组成。

江苏滩涂馆门前广场上，清华大学美术学院创作的海子牛雕塑格外引人注目，彰显了砥砺前行、奋发向上的时代精神。

走进展馆，大海的气息、滩涂的壮美迎面而来。展馆中陈列的图片、视频、模型等，为前来参观的人们展示了如东海域丰富的海产资源、多样的滩涂生物群以及历代先民的“辟我草莱”的拓荒精神。

展厅里布置着丹顶鹤、海豹和海龟等上百种珍贵生物标本，场景逼真，栩栩如生；塑模沙盘配合多媒体数字电影，演示了新石器时代以来江苏滩涂海岸线的变化过程，揭示了滩涂和人类息息相关的紧密联系。每一个展区都主题突出，实景和虚景相结合，采用影像、视频、照片、文字等形式和声、光、电巧妙配合的现代化设计手法，展示了全国各地绚丽多彩的滩涂风光、丰富多样的滩涂资源，让人身临其境，流连忘返。

滩涂馆获渔民、参观者点赞

“周士辉把宣传滩涂、保护滩涂当成了一份责任、一份事业，勇气可嘉、精神可嘉，真正为滩涂保护和开发利用树起了一面旗帜！”国家和江苏省、南通市相关部门领导在参观体验后予以高度评价。几位渔民拍着周士辉的肩膀说出了掏心窝的话：“干得好、干得好！以前只想着赚钱吃饭，有得捕自然使劲捕，没得捕也会想着法子捕。这回接受教育了，一定要改变观念、改变作业方法，保护好海洋滩涂、保护好我们的家园！”

2019 年 1 月，记者来到如东鑫磊滩涂开发有限公司，73 张有关钓鱼岛知识以及海洋知识的图片展板一一陈列在眼前，周士辉正在展厅内做布置。他告诉记者，为了让更多的人了解钓鱼岛的历史以及我国的岛屿知识，从 2018 年 6 月开始，公司就主办钓鱼岛图片展，为此还向国家海洋局和研究钓鱼岛事件的专家搜集了大量的珍贵资料。“主要以科普教育为主，让大家知道钓鱼岛及其附属岛屿的固有主权是属于中国而不是属于其他国家，也打造成一个爱国主义教育基地。”

滩涂馆建成后，不仅对外免费开放，还向参观者免费赠送滩涂宣传的手册和光盘，如东及周边地区的中小学生在学校的组织下纷至沓来。到如东旅游的游客常常慕名而来，一些大人在自己参观后，还特地带上孩子故地重游，他们说，这对孩子的教育非常有意义，既让孩子领略了滩涂风光、增加了知识，也培养了孩子热爱大自然、呵护生态环境的意识。

滩涂馆是周士辉馈赠给滩涂“母亲”的一份珍贵礼物，在他看来也是赠给自己、赠给所有人、赠给子孙后代的最好礼物。这礼物，是精神的传承、梦想的传承，是朴素美丽、沉甸甸的乡愁。

2018 年，江苏滩涂馆获评“全国海洋科普教育基地”，填补了南通市的空白。

带领内陆学生走向大海

周士辉精心组织，邀请边远地区的孩子走出大山、走向海洋、走进滩涂馆，让他们近距离了解海洋、亲近滩涂。

2018 年 8 月 26 日，在周士辉的赞助和安排下，陕西省汉中市南郑区 100 名品学兼优的学生代表到如东开展青少年交流活动。

江苏省如东县和陕西省汉中市南郑区相隔千里。在 4 天活动中，学生们先后参观了如东县规划馆、滩涂馆、实验小学、江苏海装风电设备有限公司等，开阔了眼界，增长了知识。

第一次亲近心驰神往的大海和滩涂，孩子们兴奋而激动。回到家乡后，他们不仅把自己的所见所闻讲给自己的亲人、朋友和同学听，还拿起笔，记录下了这次美好之旅。

“平生第一次看海，便在如东。这里的海水、滩涂都美得令人心醉。绵长的海岸线，湛蓝的海水，在海边劳作的渔民，目之所及，充满诗意。”陕西省汉中市南郑区红庙中学任志蓉同学在作文中这样讲述自己的参观感受：“走进滩涂馆，我被震撼了：展馆中陈列的图片、视频、模型，展示了我国海域丰富的海产资源、多样的滩涂生物群以及先民们‘辟我草莱’的拓荒精神，让我领略到了海洋文化的博大精深，更深刻地认识到了保护海洋、滩涂，科学开发利用海洋、滩涂的重要性。”

原陕西省汉中市南郑区黄官镇中心小学六（1）班学生张庆舟说，如东是和南郑结对帮扶的友好县，他早已心驰神往。他们来到了黄海边，和如东的小朋友一起在沙滩上捡贝壳、做游戏，一起倾听大海的涛声。银色的浪花翩然起舞，凉爽的海风迎面吹来，十分惬意。如东依托得天独厚的海洋优势，快速发展，令人瞩目。

“坐在去如东的大巴上，目光一路被窗外的景物吸引，无论是四处林立的高楼，还是若隐若现的风车，抑或是熙熙攘攘的人群，都魔力般抓住了我的眼球。”原陕西省汉中市南郑区南郑中学高二（3）班学生邓思甜说，在江苏鑫磊公司的养殖滩涂上，她第一次触摸到水母，那黏腻的感觉让人难以忘却。海面上不时吹来咸腥的海风。初闻到这股味道，把她呛出了泪花，不过时间一长就习惯了。她想，这可能就是大海母亲的味道吧。

承办论坛传承滩涂文化

黄海滩涂上鱼虾蹿跃的美景、海子牛负重奋进的脚印、先辈们开垦拓荒的足迹，是周士辉心中永远抹不去的乡愁。作为海洋大县、滩涂大县的如东，如何展示海洋文化、传承海洋文化，一直是他思考的问题。习近平总书记关于乡愁的重要论述，给了他启发，也激发了他的热情。继滩涂馆建成之后，他又开始构思谋划生态乡愁、文化乡愁、特色乡愁的文章。

2018 年 7 月 22 日，由周士辉牵头承办的江苏首届滩涂文化论坛在如东隆重举行，论坛主题为“新时代、新海洋、新要地”，由中国海洋工程咨询协会海洋文化分会和如东鑫磊滩涂开发有限公司共同主办。来自全国各地的近百名海洋及滩涂领域专家齐聚一堂，从滩涂资源可持续利用、海洋生态保护修复、南黄海辐射沙脊群空间资源、滩涂湿地监测等方面发表了真知灼见，提出了既有理论高度，又有针对性、操作性的合理化建议、意见，为如东进一步开发保护滩涂，打造滩涂文化品牌拓展了思路、指明了方向。与会专家指出，滩涂文化是海洋文化的重要组成部分，滩涂文化与滩涂开发、利用和保护相辅相成，共存共荣。要坚定尊崇自然、绿色发展的理念，不断完善保护、传承和弘扬滩涂文化的措施和手段，提升滩涂文化凝聚力，彰显滩涂文化影响力，促进滩涂事业健康发展。“科学开发利用滩涂资源事关海洋经济可持续发展，周士辉以一己之力举办滩涂文化论坛活动，开全国之先河，体现的是大局意识，担起的是社会责任，难能可贵!”

几年来，周士辉一直致力于海洋文化传播和海洋公益科普宣传教育活动，先后与相关部门联合举行了钓鱼岛历史与主权、东海区美丽海岛图片展、海洋灾害与防灾减灾等海洋科普系列活动，合力推进海洋知识普及、公众海洋意识提升，赢得了社会各界的广泛好评。

周士辉计划发起滩涂文化节，努力让更多的人了解滩涂，从而科学开发滩涂。2019 年 11 月 9 日，第十三届中国 · 如东沿海经济合作洽谈会暨首届海洋滩涂文化周、第五届科技人才节在江苏如东举行。

由中国摄影著作权协会指导，中国海洋工程咨询协会、中国自然资源报社、中国海洋摄影家协会主办，如东县政府、中国海洋工程咨询协会海洋文化分会承办，如东县摄影家协会、如东海洲文化旅游产业发展有限公司、如东鑫磊滩涂开发有限公司协办的首届全国海洋滩涂摄影大展同期举行，共展出作品 120 幅。周士辉以如东丰富的滩涂资源为载体，协助举办了文化节，充分展示了如东滩涂的独特魅力。

送给孩子们一本“海洋教材”

2019 年 9 月 25 日，如东鑫磊滩涂开发有限公司捐赠《中国海洋报》的发放仪式在南郑区碑坝镇中心小学举行。发放仪式由学校政教处主任向蓉主持，他传达了如东鑫磊滩涂开发有限公司董事长、江苏滩涂馆馆长周士辉对全体山区孩子的问候与祝福，为全校孩子发放了周士辉捐赠的 80 套《中国海洋报》2018 年全年合订刊，孩子们纷纷表达了自己内心的感激之情。此外，周士辉董事长还为碑坝镇西河完全小学、碑坝中学分别捐赠了 40 套、80 套《中国海洋报》。

碑坝镇地处南郑区境东南大巴山系米仓山腹地，是红色革命老区，全镇辖 13 个村委会，其中贫困村 11 个，深度贫困村 3 个。全镇人口 12 000 多名，其中贫困人口 2968 人。南郑区碑坝镇中心小学位于陕西省南郑区碑坝镇西沟村口，宕水河西岸，是一所身处大山的山区小学。学校占地 5309 平方米，校舍面积 3992 平方米，在职教师 23 人，现有幼儿园学生、小学生 260 人，其中建档立卡贫困户学生 109 人。

几年来，周士辉积极承担社会责任，带领 500 多户养殖户增收致富，成立“爱心教育基金”，资助 200 多名贫困学生完成了学业，投入 100 多万元为周边渔业乡村改善了交通条件。

由周士辉组织资深教育专家编撰的旨在培养学生海洋文化意识的科普读物——《江苏沿海滩涂》正式出版，成为全国首部以滩涂为主题的地方性中小学教材。

审时度势创企业

周士辉为滩涂所奉献的一切，不仅需要发自内心的保护意识，更离不开他创办企业多年积累下来的物质基础。

已经 46 岁的周士辉，22 年前从部队转业回乡。才脱军装的他顾不上作短暂休整，又只身转战广东、广西学本领、闯市场。他先是在广东一家养殖公司当普通员工，最苦最累的活儿他抢着做，最脏最危险的活儿他争着干。晚上，周士辉在公司宿舍的单人床上争分夺秒地看书学习，发奋从书中汲取营养，竭力从报刊中捕捉项目信息，坚持以积极主动的姿态充实自己、提高自己。

2006年春，“不安现状”的周士辉敏锐地觉察到沿海大开发的历史机遇悄然到来。他审时度势，东奔西走，在如东大豫东凌滩涂上火速创立了“如东鑫磊滩涂开发有限公司”，从此正式开始打拼黄海滩涂的开发大业。周士辉承包了如东沿海2000亩滩涂，成立了鑫磊滩涂开发有限公司，带领周边农户发展现代化养殖。他请来江苏海洋研究所的专家，帮助农户进行科学养殖，同时共同研发新产品新技术，提高产品的附加值。红文蛤是周士辉他们最新推广的一个新品种，具有养殖周期短、生长快等优点，深受市场欢迎。

目前，周士辉与500多个农户签订了合作关系，每户的平均年产值达到了40万元以上，有效带动了农民增收。源源不断从海洋索取的同时，也让周士辉看到了保护海洋的重要性。

敢想敢干敢拼，公司快速发展

公司成立之初，创业的困难接踵而至，有时往往出人意料，周士辉总是镇定自若地一一化解。在大滩涂的建设工地上，他与员工们同吃、同住、同劳动。白天，他现场指挥，监督围海堤工程质量；晚上，他以办公室为家，把简易地板当“席梦思”，每天工作量都在15个小时以上。因为是新成立的公司，外界对他不太了解，加之围堤工程投资浩大，筹资矛盾相当突出。但是，周士辉并没有退缩，他坚定自己的创业方向，通过不懈的努力和过硬的质量，公司在起步元年实现了很好的发展。当年年底，周士辉如数发放每位员工工资，不欠员工们一块钱，但他的账户也只剩了128元，面对想在春节期间添置一件羽绒服的妻子，周士辉愧疚地说：“你跟着我受苦了，羽绒服明年一定给你买。”

周士辉深知，企业要实现可持续发展，一靠质量，二靠信誉。做滩涂开发就得打造精品工程方能赢得未来。2008年，公司果断投资1亿元，成功围堤2万多亩滩涂，为公司快速、健康、稳定发展奠定了坚实的基础。围堤成功后，周士辉着手堤内池塘建设，对各个区域的水、电、路等基础配套设施进行“一步规划，分步实施”。同时，他和上海海洋大学、上海理工大学、江苏水产研究所开展深度合作，力邀专家上门传经送宝，为员工进行手把手的技术指导，好比为每个兴业员工服下“定心丸”。几年来，他摸索推广的虾蟹混养模式让公司海水养殖亩产都超万元，员工的兴业信心倍增。

十多年来，周士辉凭着敢想、敢干、敢拼的热情和闯劲，使公司发展成为南通地区沿海开发的龙头企业。公司获得国家海洋局颁发的“优秀企业”金牌和“行业先进单位”称号。周士辉获评“南通市劳动模范”，2017年年初荣任如东县第十五届政协委员。

问及企业缘何能在短时间内获得如此快速发展，周士辉坦言：“做企业要有企业文化来支撑，加之施行人性化管理。”

近年来，在周士辉的带领下，公司凝练出“团结、诚信、优质、高效”的鑫磊精神，高度负责地向社会作出“让您百分之一百满意”的承诺，赢得了社会各界的广泛认可。在锦旗满墙的荣誉室里，一位老员工感慨地说：“到鑫磊公司租赁搞养殖真的很省心、很安心，只要坚定信心做下去，收入肯定亏不了。”朴实的话语里表达了对公司的认可，更是对他个人的肯定。

对于当初跟着自己一起创业的乡亲们，周士辉越来越有信心带着他们一起致富奔小康；对于来自启东、海门、上海等地的创业者，他的关爱总是无微不至，谁家有困难，他总尽力相助。他常说：“公司要经常替员工算账，只有这样，员工才能与公司建立良好的合作关系，才能实现员工的利益最大化，最终才能达到双赢。”周士辉这种处处为员工着想之心，有力地增强了员工的归属感，凝聚成强大的团队精神，公司也随之逐年发展壮大。

实践证明，优秀的企业文化和人性化管理能有效增强企业凝聚力，激发员工潜能，稳定员工队伍，降低员工流失率，保障企业核心竞争力。

周士辉办好企业，不忘勇担社会责任，奉献大爱。他经常教育员工：“一个男人从小属于家族，走上社会应该属于社会，企业也应该有社会责任感。”

作为镇人大代表、县政协委员，周士辉十年如一日，以自己的实际行动践行了自己的社会责任，为家乡铺路建桥，为贫困家庭子女读书、中学生足球队建设、镇老年文艺活动队、敬老院和群众活动场所等慈善捐助，合计捐款100多万元。

还大海一个五彩斑斓的海底世界

——记中国科学院南海海洋研究所研究员黄晖

珊瑚礁是大自然给人类的一项巨大财富，但是今天的珊瑚礁生态系统，却显得十分脆弱，亟待我们共同保护，只有坚持可持续的合理利用与开发，才能造福子孙后代。

——黄晖

黄晖现为中国科学院南海海洋研究所研究员、中国科学院南海海洋生物标本馆馆长、珊瑚生物学与珊瑚礁生态学学科组组长。她主要从事珊瑚分类、珊瑚礁保护及修复等研究，同时也大力推动珊瑚礁保护区的规划与建设。作为“珊瑚妈妈”，黄晖荣获 2019 年“海洋人物”称号。

“一切都在向前走，做出成果来才是硬道理。”黄晖快人快语。24 年间，她步履匆匆，把汗水撒向大海，把青春浇灌在海底，种出了五彩斑斓的珊瑚。

“我们都叫她‘空中飞人’，从早忙到晚。”提到黄晖，与她同在中国科学院南海海洋研究所珊瑚生物学与珊瑚礁生态学学科组的研究员刘胜脱口而出。

记者于 2019 年 6 月见到黄晖时，她正在一边忙着做科研，一边指导学生学习。而就在见面几天前，她还远在西沙，背着 15 千克重的装备潜入海底，观测一年前种下的一万束珊瑚。

阴差阳错，与珊瑚结缘

1969 年 7 月，黄晖出生于江西分宜。1990 年，她从湛江水产学院养殖系本科毕业。1996 年，黄晖即将从中国科学院南海海洋研究所海洋生物学硕士毕业，却一直未找到合适的工作。经人介绍，她结识了我国珊瑚研究领域的奠基人——邹仁林老先生。“我非常幸运，成了邹老师的学生。”黄晖说，这为她以后进行珊瑚研究提供了知识储备。

3 年后，黄晖借调国家自然科学基金委员会工作，接触了许多我国顶尖的海洋科学领域专家学者，他们潜心海洋科研的治学态度深深地触动了她，让她下定决心攻读博士学位，专门研究珊瑚礁。

“这是我非常幸运的一件事情。这在我面前不是打开了一扇窗，而是打开了一个世界。”黄晖说。

“珊瑚和珊瑚礁在其生长和发育过程中记录下大量环境因素的数据，因而，它是科学研究中长期环境变化的巨大信息资料库。”据黄晖介绍，珊瑚礁有令人吃惊的生物多样性，在珊瑚礁架设的复杂三维结构环境中，珊瑚礁水域生物极其丰富，各个门类的生物都有它的代表，共同组成生物多样性极高的顶级群落，故有“海洋绿洲”和“海洋热带雨林”的称号。珊瑚礁生态系统具有极丰富的生物资源，是渔业的繁殖基地，为人类提供重要的食物和药物资源；海底的珊瑚礁，风景秀丽，更是有名的海底花园，是人们极好的旅游胜地；珊瑚礁的前身——古代的生物礁，蕴藏着极其丰富的油气资源和其他矿产资源，是人类的巨大财富。

从结缘到如今，黄晖打通一道道关卡，用不变的初心守护着海底那片美丽的珊瑚。

收集一手资料，目睹珊瑚礁巨变

开展珊瑚礁研究的第一道关卡是要摸清我国珊瑚礁的生态状况、退化程度等基本情况，其中涉及一系列基础科学问题。

黄晖及其科研课题组足迹遍布南海沿岸及东沙、中沙、西沙和南沙群岛，掌握了我国珊瑚礁的分布现状与变化趋势的第一手资料，为后续深入开展珊瑚生物生态学研究奠定了基础。

第一次在西沙下潜，黄晖颇感震撼："水特别透亮，珊瑚密密麻麻，鱼儿五颜六色，螺的数量众多。"据科学家统计，我国有 38 000 平方千米的珊瑚礁，占全球珊瑚礁总面积的 13.5%。全球造礁珊瑚种类大概有 800 种，我国大约有 300 种，占到全球的 1/3 以上。

距离第一次下潜的时间仅仅过去了几年，黄晖再次到西沙同一海域下潜时，大概四五十分钟内，"看到 2 个螺就会很激动"。几年间，原来生机勃勃的海域变得一片死寂。

黄晖知道，彼时的美丽珊瑚已在走下坡路。气候变暖加之人为干扰，珊瑚礁生态连年恶化。工作后，黄晖就见证了 1998 年的厄尔尼诺事件，异常升温导致浅海珊瑚大量白化死亡。

珊瑚礁在海洋生态系统中的作用就像森林之于陆地。珊瑚骨骼的主要成分是碳酸钙，由珊瑚虫分泌而成。珊瑚虫不断扩大领地、逐层累积，渐渐形成珊瑚礁，与之共生的虫黄藻为珊瑚披上色彩各异的"外套"。鱼虾来往、海龟游荡，海洋中约

1/4的生物都以此为家。

黄晖告诉记者，若珊瑚白化程度不严重，珊瑚礁生态还能慢慢恢复，“就像得了‘慢性病’”。

但是，随后的年月，接二连三的极端天气和人为污染就像给得了“慢性病”的珊瑚礁新添“急性病”。当其生态压力超出生态系统的承载能力时，白化的珊瑚礁如同完全沙化的草原一般。“如果没有人工干预，恢复起来会非常困难。”黄晖表示。

先前海底的热闹繁华不再，但也正是从那时起，越来越多的人意识到保护珊瑚礁的重要性。黄晖半开玩笑地表示，这项生态恢复工作是“从谷底往上爬”。

在采访时，黄晖告诉记者，近年来，我国近岸的珊瑚消失了80%，离岛珊瑚礁的造礁珊瑚覆盖率，就像森林覆盖率一样，从50%、60%下降到现在的10%~15%。这不是我国独有的现象，全球的覆盖率也下降到15%左右。对我国的珊瑚礁而言，人类活动的影响远远大于全球气候变化。比如，海岸工程致使大量泥沙、沉积物注入海洋，导致水体浑浊。而造礁珊瑚非常重要的特性，就是它与体内的虫黄藻共生，能量的主要获得方式是光合作用。水体浑浊影响光合作用，就会致使造礁珊瑚白化死亡。

同时，海岸城市的排污，也会造成海水浑浊。海岸植被的破坏，也会在暴雨之后致使大量泥沙注入海水。这都会导致海水浑浊，影响造礁珊瑚的光合作用，致使珊瑚礁退化。

另外，渔民的酷渔滥捕，把鱼虾贝藻一网打尽，甚至把珊瑚都敲掉，这种对珊瑚礁资源无节制的破坏，也会击垮一个区域内的整个珊瑚礁生态系统。

黄晖说，从全球来讲，珊瑚礁退化得非常厉害。主要是全球气候的变化，尤其是厄尔尼诺现象，造成造礁珊瑚大面积白化。

造礁珊瑚虽然生活在热带地区，但特别害怕持续高温，水温不能长时间超过30℃。比如1998年的厄尔尼诺事件，造成太平洋海域大量造礁珊瑚白化死亡。再如2015年年底到2016年年初的厄尔尼诺事件，造成澳大利亚大堡礁北部海域的造礁珊瑚大面积减少。造礁珊瑚对水温非常敏感，很难在18℃以下生存，虽然在13℃、14℃的水温中也能存活，但寒潮时间不能持续太长，比如2008年的大寒潮，就造成澎湖列岛海域造礁珊瑚大面积减少。

同时，珊瑚礁的退化也受海洋酸化的影响。造礁珊瑚是通过碳酸钙等物质的不断沉积形成的，海洋酸化致使造礁珊瑚很难捕获到钙离子，导致珊瑚礁的退化。

“现在闭上眼睛，我都能想起第一次下潜的那一幕。水是透明的，珊瑚几乎是100%的覆盖率，密密麻麻，鱼是五彩斑斓的，也可以看到很多的螺。”亲眼看见巨大变化的黄晖下定决心，要让海底重新长出五彩斑斓的珊瑚。

探索人工修复方法

黄晖及其课题组的成员通过野外珊瑚礁调查得到的结果表明，我国珊瑚白化死亡率高；沿岸活珊瑚覆盖率大大减少。面对这些令人担忧的现状，2009年，黄晖主动为自己设立了第二层台阶：修复珊瑚礁。从基础科研到应用科研，攀登之路就像是神秘的海底世界，等待着她大胆探索。

黄晖自身的水产养殖专业背景在此时发挥了作用。黄晖与课题组开始了修复珊瑚礁技术的研发，开始研究苗圃的建设。

从那时至今，黄晖课题组一直在研究珊瑚的繁殖和人工修复方法。通过多年的观测，了解到珊瑚排卵时间和排卵的温度。通过实验摸索寻找到适合珊瑚幼体附着的底质，并且尝试获得附着变化后的珊瑚幼体。通过对幼体形态学的鉴定，研究鹿角珊瑚属等的繁殖发育过程。并且以沉积物为影响因子，研究沉积物对珊瑚幼体附着变态的影响以及生物学效应，从而解释人类活动对珊瑚退化等现象的影响。

在人工修复的研究方面，由于造礁珊瑚生长速度缓慢，平均一年只能生长一厘米，在短时间内提高珊瑚覆盖率几乎是不可能的。黄晖课题组提出了以移植的方法恢复珊瑚礁的覆盖率，将生长较好地区的珊瑚移植到珊瑚退化的地区，让它们继续生长繁殖，这样的修复方法可以在短时间内提高小区域内珊瑚的覆盖率。

潜水打钉子，南海种珊瑚

黄晖办公室门口的走廊有一口漂亮的玻璃缸。这并非一般的装饰用水族缸，而是一个小型的珊瑚礁生态系统。缸内 40 多种珊瑚和谐地生活在一起，只看一眼就能勾起人对海洋的向往。缸内一片祥和，但到了真正的海洋，把一株从珊瑚上折下的断枝养大，使其变成鱼儿的家，却不那么容易。

珊瑚繁衍分无性和有性两种繁殖方式，目前，珊瑚礁人工生态修复以无性繁殖为主。修复工作若想起效，关键得找对位置和方法。黄晖表示，种树要看山坡阴阳面，种珊瑚也要因地制宜。比如在外礁坡还是内礁坡，是否有环礁、潟湖，水动力情况等因素，都要考虑。

课题组成员张浴阳博士表示，珊瑚生长速度缓慢，每年生长几厘米到十几厘米不等。加之生态系统复杂，稍不注意忽略某个变量，修复效果就不理想。

在海水动力较强的区域，未等珊瑚长成，水流就可能把珊瑚幼体冲走。已死亡的珊瑚被海水推得四处滚动，也会干扰幼体生长。幼苗放置点离人类活动区过近，也会导致修复效果不佳。

理清障碍后，2013 年，黄晖等人在西沙晋卿岛用“底播”的方法进行修复：用塑料网盖住已经死亡的珊瑚，促使其迅速板结形成基底，再将珊瑚幼体固定在人造海床上。2017 年再验收时，修复区珊瑚数量已经明显多于未修复区，修复前每平方米 2.5 株的密度变成了每平方米 19.3 株。

与陆地植树造林相比，海底种珊瑚更加艰难。“我们遇到很多困难，比如如何避免种下的珊瑚不被人力和台风破坏。刚从苗圃移植到海床的珊瑚不稳固，台风是很大的威胁。”黄晖说。

研究助理杨剑辉告诉记者，晚上在水里作业有可能会碰到有毒的生物，很危险。如果碰到要马上上船，采取紧急措施。

另外，水下作业工作量大，成本高。科学家在珊瑚种植成活的基础上，还要想办法降低人力、物力成本。

在海底种珊瑚与陆地植树造林也有相似的一面，要有苗种、建苗圃。黄晖与课题组跟国内外科学家学习了树型苗圃。黄晖说，刚开始搞科研都是这样，我们比别人落后，必须承认落后，但是我们一直在不停地追赶。

研究繁殖生物学，研究珊瑚如何产卵，观察发育的幼虫如何附着……她与课题组尝试了多种修复手段：收集浮浪幼虫上岸进行有性繁殖培育，再放流回海底；在海底钉好架子，将珊瑚用绳子绑在架子上，形成珊瑚树；拉起网格，把珊瑚种在浮床上。

无论是哪种培育方式，都需要下潜到海底。黄晖要与队员们乘坐渔船前往。早期租用渔船时，渔民因为封建思想排斥女性上船，甚至不理睬黄晖，宁愿和她的副手交流。时间久了，渔民看到黄晖屡次克服不便，坚持出海、下潜，对她的态度大为改观。

“晕船，生不如死。”黄晖不仅要忍受晕船带来的痛苦，还要穿戴上 15 千克的潜水装备。每次下水，其他队员都是从船上跨下去，而黄晖是翻下去的，因为装备太沉，她带着装备实在站不起来。

下潜过程中，海水依旧涌动不止，在水里黄晖也会呕吐，吐一下，再咬住呼吸器。潜到海底后，还要搬设备、打桩……在水底打钉子，因为失重，大锤要抡三四下才能打进去一个钉子，十分消耗体力。

回想起这些，黄晖笑着说："我常对学生说，热爱这一行，下潜就是一种乐趣，否则就会很辛苦。所以，还是热爱吧。"

在珊瑚繁殖季节，黄晖及其课题组非常辛苦。珊瑚在晚上九十点钟才产卵，邻近产卵的两三天，他们一到夜晚就待在水底，观察珊瑚什么时候产卵，然后收集、培育这些受精卵。因为珊瑚在海里的存活率很低，他们要把珊瑚卵带到岸上，培育成幼体后再放流。这也是一种修复手段。

在一次次探索中，黄晖带领课题组不断摸索经验。2010 年，黄晖与课题组第一次在西沙海域放置人工生物礁，选择放置在 6 米水深处，但一段时间后再来观测时，水动力将它们都打翻了。黄晖进行分析研究后，将其改放到 10 米水深处，问题就迎刃而解了。

10 年来，黄晖提出人工修复受损珊瑚礁的构想，并努力摸索出适合不同类型珊瑚礁恢复的技术方法，申请了 30 多项发明专利。黄晖研究掌握了我国海域 20 多种常见人造礁珊瑚有性繁殖过程，并在国内首次实现了人工幼体培育，为珊瑚礁人工修复打下了坚实基础。在西沙群岛和南海南部，黄晖与课题组共建立 300 亩修复示范区，已初具规模和成效，包括可培育珊瑚断枝 40 000 株的苗圃。

科研成果丰硕

结合多年一线调研的成果，围绕全球气候变化与环境压力对我国珊瑚礁的影响及其响应模式，黄晖及课题组提出了我国沿海及海南岛沿岸珊瑚覆盖率在近 30 年下降了 80%以上和我国人类活动对珊瑚礁的影响远大于气候变化的结论，成果得到了国际同行的高度认可。黄晖课题组还展开了珊瑚礁退化机制研究，发现我国造礁珊瑚对不同环境压力的响应机理不同，呈现出两种不同的响应模式。

黄晖及其课题组围绕“全球气候变化与环境压力对我国珊瑚礁生态系统的影响及其响应模式”这一国际前沿的关键科学问题开展了深入系统的研究工作，研究方向始终面向国家重大需求，同时结合国际珊瑚礁前沿开展相关研究，取得了显著成绩。

2019 年年初，黄晖研究团队与香港科技大学钱培元教授合作，在珊瑚应对气候变化的生理适应机制研究方面取得新进展。该系列研究以三亚鹿回头鹿角杯形珊瑚为模式生物，通过实验室模拟体系研究了升温和酸化对珊瑚幼体早期生长发育的影响。结果显示，虽然酸化会抑制珊瑚幼体的钙化，但与珊瑚共生的虫黄藻的光合生理对海水二氧化碳分压的升高表现出正响应，虫黄藻可提高光合电子传递和能量转化速率，这一生理适应与虫黄藻碳酸酐酶活性的上调有关；再者，不论面对单独的升温、酸化或者二者共同作用时，珊瑚幼体总会表现出生理权衡，即珊瑚幼体会抑制无性出芽以支持骨骼钙化和组织的生长，进而利于珊瑚幼体在酸化条件下的存活。

此外，黄晖等研究人员还分别关注了温度和碳酸盐体系的自然昼夜波动在珊瑚对升温和酸化响应中的作用，结果发现海水温度的昼夜波动可以缓解升温对珊瑚光合生理的负面影响，对幼体生长发育的影响较小。相较之下，二氧化碳分压昼夜波动的酸化处理会提高幼体钙化的能量消耗，进而抑制幼体出芽生殖速率。而考虑碳酸盐体系的自然昼夜波动时，海水酸化对珊瑚幼体生长发育的负面影响可能比预期更加严重。该成果相继发表在国际学术期刊《生理学前沿》《珊瑚礁》《生物地球科学》和《实验海洋生物生态学杂志》上。

近年来，黄晖及其课题组还有多项新的科研成果。

在珊瑚礁生态系统食物网结构和功能研究方面取得了新的进展。珊瑚礁生态系统不同功能生物类群的食物来源相对简单，且随着珊瑚礁生境变化而变动。在珊瑚覆盖率较高的环境中，各生物类群通常具有稳定的食物来源，小型浮游动物生物量高，是初级生产向上传递的关键环节，草食性礁栖鱼类是控制大型藻类群落、维持生态系统稳定的重要消费者。而在珊瑚覆盖率低的环境中，各生物类群食物来源趋于多样化，营养关系不稳定。

在造礁珊瑚苗圃技术和底播移植技术研发方面取得重要进展，并将其应用于珊瑚礁修复示范，取得了良好的效果，已完成N005和N007修复效果及N005对照区的追踪监测工作。已建立示范区面积约170亩，其中珊瑚礁三维结构重构区约50亩，稳固基底区约50亩，修复维护区约60亩，珊瑚苗圃区10亩。

近10年，黄晖主持、负责多个学科研项目，包括国家自然科学基金、国家908专项、国家科技支撑项目、中国科学院创新项目等多个项目，参与其他纵向、横向课题数十项。共发表中英文论文110余篇，其中在SCI发表58篇；出版《南沙群岛渚碧礁珊瑚礁生物图册》《福建东山珊瑚保护区及其生物多样性》《徐闻珊瑚礁及其生物多样性》等7部专著，其中以第一作者身份出版5部。科研成果先后荣获2001年海南省科技进步奖二等奖（排名第二）、2008年广东省科技成果奖一等奖、2010年海南省科技进步奖一等奖、2013年海洋科学技术奖二等奖（第一完成人）。

与国际接轨，推进学术交流

造礁珊瑚分类学是研究珊瑚的基础，但是难度巨大，国际上关于造礁珊瑚分类也曾是纷乱不清的，缺乏统一的标准。起初，黄晖在邹仁林的悉心指导下学习造礁珊瑚的分类，主要依据珊瑚骨骼进行形态学分类。

在对中国的造礁珊瑚有了一定的了解以后，黄晖与国际同行进行分类学交流时，发现中国的珊瑚分类标准与国际的珊瑚分类标准存在一定差别。

为了弥补与国际珊瑚分类的差距，黄晖以高级访问学者的身份赴澳大利亚，与昆士兰热带海洋博物馆的国际著名珊瑚分类学家华莱士·加登（Carden Wallace）教授进行了造礁珊瑚分类学的研究交流。

20 世纪 90 年代以后，由于分子生物学的不断兴起和繁荣，在生物学的不同领域已经显示了分子生物学强大的效用。在珊瑚生物学的研究中，分子生物学也已经成为一种不可或缺的工具。对于形态学不易辨认的物种，可以用分子生物学的方法进行确定。

黄晖跟上现代分类学的方向，初步开展了柳珊瑚分类系统发生学的研究和造礁珊瑚共生藻的分子生物学研究，在中国珊瑚礁分子生态学研究中取得了不错的成绩，也为中国珊瑚生物学研究与国际接轨提供了基础。从造礁珊瑚共生藻的分子生物学研究中初步得出南海石珊瑚共生藻的分布状况和分布种类，为以后造礁珊瑚白化的研究提供重要的分子基础。

近年来，黄晖先后多次前往澳大利亚、美国等地的顶尖珊瑚礁科研机构学习交流，通过不懈努力，与澳大利亚、美国、我国香港和台湾地区等多地珊瑚礁科研界的精英建立了深入和长期的合作交流。在国务院台湾事务办公室、国家自然科学基金委员会和中国科学院港澳台事务办公室等部门的支持下，成功举办了四届两岸珊瑚礁研讨会；承办了联合国教科文组织政府间海洋学委员会珊瑚礁生态调查培训等活动；多次带领课题组参加国际会议，选派学生出境学习，邀请国外学者到课题组访问指导……

这些交流活动很大程度上促进了我国珊瑚礁生态科研整体水平的提升，也推动了我国的珊瑚礁生态科研成果在国际海洋环境保护决策过程中发挥作用。

建立珊瑚保护区和珊瑚迁地保护

黄晖积极参与国家和地方相关珊瑚礁保护与管理的法律法规的制定，推动了

《海南省珊瑚礁和砗磲保护规定》的制定和修订。

在致力于珊瑚的自然繁殖生物学和恢复生态学研究的同时，黄晖还积极参与我国珊瑚礁自然保护区建设与规划。

黄晖在潜水调查野外珊瑚礁覆盖率和健康状况时发现，徐闻珊瑚礁保护区是广东省沿岸珊瑚礁中最重要的一块。在她所在的课题组大力推动下，目前，徐闻珊瑚礁自然保护区已晋升为国家级珊瑚礁自然保护区。

福建东山珊瑚自然保护区是中国大陆最北缘的造礁珊瑚分布区域，由于该保护区原先的规划设计不合理、未能有效地保护珊瑚，在珊瑚课题组的科学调查和论证后，重新对该保护区进行了规划和调整。目前，申报和规划西沙群岛国家级珊瑚礁自然保护区的工作正在进行中。

海洋工程是造福子孙后代的，但在海洋工程威胁到生物保护的时候，如何完美解决两者之间的矛盾呢？在解决这样的难题时，黄晖课题组提供了宝贵而极有价值的经验，大胆提出迁地保护珊瑚的方法，主持了中国海油惠州炼油项目委托项目“中国海油惠州炼油项目用海海域珊瑚移植”，不仅保护了濒危生物、保证了海洋工程的顺利进行，而且为以后的海洋工程与生物保护和谐进行提供了值得借鉴的先例。

目前，人类正面临全球变化及其所带来的各种变化的空前危机，最重要的是二氧化碳等温室气体造成的全球升温和气候异常。珊瑚礁能将二氧化碳转变为碳酸钙骨骼，有助于降低大气中的二氧化碳含量，减轻温室效应。

黄晖说，珊瑚礁是大自然给人类的一项巨大财富，但是今天的珊瑚礁生态系统却显得十分脆弱，亟待我们共同保护，只有坚持可持续的合理利用与开发，才能造福子孙后代。

敢为行业先

我国著名的珊瑚分类与珊瑚礁生态学家邹仁林老先生曾负责撰写《中国动物志》中造礁珊瑚的内容，用大量的珊瑚群落结构和生态系统调查证明了珊瑚礁保护的重要性。在邹仁林等人的努力下，红珊瑚被列入《中国国家重点保护野生动物名录》。

接过上一辈人的衣钵，身为国家濒危物种科学委员会委员的黄晖积极参与国内珊瑚礁保护相关法律法规的制定，推动珊瑚礁自然保护区的建立和升级调整。在黄晖等人的努力下，目前造礁珊瑚已全部列为国家二级重点保护动物，并列入《华盛顿公约》的附录。

拜入邹老门下的黄晖，就连直来直去的真性情也和师父很相似。中国南海研究所副研究员练建生在课题组工作多年，在他的印象里，黄晖跟人“瞪起眼睛”的次数不多，但全跟珊瑚有关。

不同于以往的冷清，如今珊瑚修复是热门。遇到为了争取项目经费盲目夸大珊瑚修复效果或影响的研究团队，黄晖会毫不客气地“怼人”，直言搞科研应该踏踏实实，不能太离谱。

2010 年前后，有商人想怂恿国内学者把红珊瑚从保护名录中拿掉，黄晖不为所动，反而更密切地与澳大利亚、美国和我国香港和台湾地区的学者交流，促成研究团队主动承办联合国教科文组织政府间海洋学委员会珊瑚礁生态调查培训等活动，让更多的人了解珊瑚保护的技术和必要性。

黄晖坦言，入行 20 余年，“就没再做过其他事情，也没兴趣”。她谨记老师的话，专注自己的学科方向，发展长于他人的优势。

谈到未来工作计划，黄晖表示还是要“两条腿走路”：既要做好珊瑚礁生态修复与保护，又要注重前沿基础研究，挖掘环境压力下珊瑚礁生态系统演变的奥秘，找到相应的生物保护技术。

组织珊瑚保护公益活动

“科研成果不能束之高阁”，黄晖身体力行，凭借科研积累，组织公益活动，让科研成果惠及更多的人，呼吁更多的人关注珊瑚礁的保护。

科研成果来之不易。黄晖说，记得在三亚第一次做成比较好的苗圃，半年后去检查珊瑚长得怎么样。去了才发现，原先建苗圃的地方旁边建了一个新码头，把原来的苗圃全部覆盖了，成果都没有了。“要积累了很多很多的经验教训才能做成。”

在全球气候变化大背景之下，二氧化碳的浓度不断上升，人类活动的不断加剧，生态系统因不断受到来自各个方面的压力而失去平衡。对于珊瑚礁这样脆弱的生态系统来说是非常可怕的。现在世界珊瑚礁的趋势是不断退化，这样一个生物多样性极高的生态系统退化，对于人类和自然都是一个重大的损失。现在人类都在通过各种方法去拯救这个脆弱的珊瑚礁生态系统。

“我想号召更多的人，热爱自然，敬畏海洋。”黄晖说。黄晖多次单独或联合海洋环保公益组织在渔村、社区和学校等处举办宣教、论坛等活动。她发起成立中国太平洋学会珊瑚礁分会，广泛发动珊瑚礁生态科研机构、保护管理部门和民间力量形成合力，更深入、更有效地推动珊瑚礁保护和科普教育。

作为我国濒危水生野生动植物种科学委员会委员，黄晖还长期为有关地方边防、海关、公安、渔政等部门进行保护类珊瑚的执法鉴定公益服务。

在网络上，搜索“保护珊瑚礁”，点击视频，能够看到黄晖的多场精彩演讲：“珊瑚礁好比海底的热带雨林，占海洋面积不到 0.2% 的珊瑚礁能为 30% 的海洋鱼类提供家园。珊瑚礁又像是海底的红树林，凹凸不平的表面能有效消减风浪，起到护岸减灾的作用……”

“我要感谢我的课题组，自己一个人不可能做这么多事情。我们的课题组有工作人员、学生一起完成这么多年的工作。”黄晖说，个人的力量是微小的，但她仍充满信心，她要身体力行，带动越来越多的人参与到保护珊瑚礁的行动中来，珍爱自然，呵护海洋。

弘扬爱国奋斗精神

2019 年 5 月 31 日，由中国科学院直属机关党委主办，中国科学院广州分院分党组承办的“中国科学院‘创新科技　服务国家　造福人民’科技创新价值观报告会”在广州举行。

会上，黄晖作了题为《沧海桑田二十载　追逐珊瑚梦不改》的主题报告。她结合自己亲身科研工作经历，用生动、朴实的语言讲述了立足本职岗位，克服困难，攻克难关，把冷板凳坐热，为祖国科研事业做出实实在在的贡献。

小故事展露大情怀，体现出心有大我、至诚报国的精神。她真实、质朴的讲述感人至深，赢得听众一阵阵热烈的掌声。

作为一名中共党员，黄晖积极投身海洋科技事业，通过辛勤的付出和不断开拓，取得了丰硕的成绩，为我国珊瑚生物学、生态学研究做出了重要贡献，是海洋生态文明建设的优秀女科学家代表。为此，她荣获“2018 中国科学院年度感动人物”称号。

与珊瑚为友，与虾贝为伴……自 1996 年 9 月在中国科学院南海海洋研究所工作以来，黄晖一直从事珊瑚生物学及珊瑚礁生态学研究工作。她在科研岗位上严谨求实，多次填补了相关领域的空白，引领和带动了珊瑚礁生态学研究领域的发展，是当之无愧的“珊瑚西施”。

“海上大熊猫”的守望者

——记广东珠江口中华白海豚国家级自然保护区鲸豚救护小组

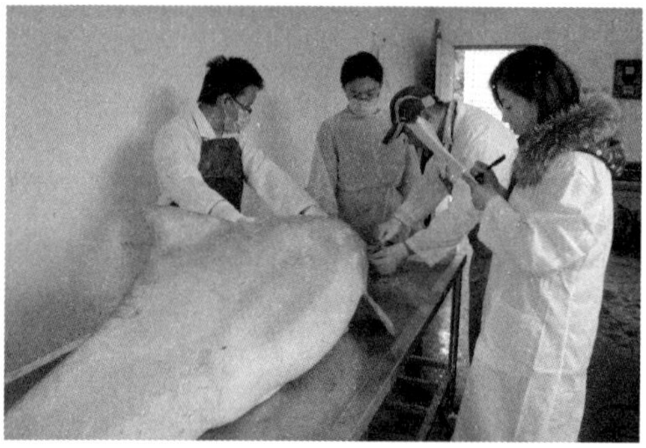

我们希望救护小组能派上用场的机会越来越少，也就证明中华白海豚的生活环境更好了，人类和动物相处更加和谐。

——鲸豚救护小组肖尤盛

中华白海豚，粤闽等地的渔民称它为“妈祖鱼”“海上大熊猫”，是我国现存唯一的国家一级保护鲸豚动物。自20世纪80年代以来，受人类活动影响，中华白海豚的栖息地不断缩小，种群延续面临严重挑战。

广东珠江口中华白海豚国家级自然保护区鲸豚救护小组，主要负责鲸豚救护、学术研究、开展科普宣传等保育工作。十余年来，这个以年轻人为主的救护小组处理各类鲸豚案件230起，其中中华白海豚186起。经过多年的积累，他们建立了一套完善的鲸豚搁浅档案，建立了我国最大的中华白海豚样品组织库。凭着一份执着大爱和专业技术，他们赢得了社会的广泛赞誉。

2019年6月6日，2019年世界海洋日主场活动在海南省三亚市举行，活动公布了全国海洋知识竞赛大学生组总决赛获胜名单和“年度海洋人物”推选结果。珠江口中华白海豚国家级自然保护区鲸豚救护小组（以下简称“鲸豚救护小组”）荣获全国十大“海洋人物”集体荣誉。

活动上，主办方给鲸豚救护小组进行了现场颁奖，颁奖词提到，“海上精灵”的守护者——鲸豚救护小组：两万千米的足迹里沾满了海水，只为了与大海里的“微笑天使”连线更紧。数十年的奔赴与坚持，让中华白海豚感受到了来自祖国的亲情与温暖。沿着祖国的万里海疆，有一种守护，让大海与星辰彼此互映、珍如明珠。

穿过淇澳大桥，就到了位于珠江口西侧伶仃洋上的淇澳岛。目之所及，珠江口混合着咸淡水的淡黄色水面，在阳光照耀下，缓缓流动，视野开阔。这里就是广东珠江口中华白海豚国家级自然保护区，在总面积460平方千米的保护区里，生活着国家一级保护动物——中华白海豚。

中华白海豚，粤闽等地的渔民称它为“妈祖鱼”“海上大熊猫”。它也是我国唯一现存的国家一级保护鲸豚动物。

自20世纪80年代以来，受人类活动影响，中华白海豚的栖息地不断缩小，种群延续面临严重挑战。根据估算，目前全国的中华白海豚数量约为4000头。

“中华白海豚还有一个更可爱的名字，‘粉红海豚’。第一次见它，心都要被融化了。”中华白海豚的守护人肖尤盛说。

肖尤盛是鲸豚救护小组成员。这个救护小组，也是我国唯一的以中华白海豚为主要救护对象的专业救护队。

十余年来，这个以年轻人为主的救护小组处理各类鲸豚案件230起，其中中华白海豚186起。凭着一份执着大爱和专业技术赢得赞誉。

想要用一生守护的“精灵”

广东珠江口中华白海豚国家级自然保护区管理局副局长万焕通今年57岁，他没想到，自己的第一份工作，兜兜转转过去了36年，最终自己即将在这一工作岗位退休。

“我第一次见到白海豚的时候很兴奋，觉得它们非常可爱。”他告诉记者，当时非常流行的一部电影叫《南海风云》，其中有一个镜头令他印象深刻：护卫的舰艇保护着行驶在中间的渔船，非常威风。这与他遇到白海豚时的情景非常相似，他坐的小船在海上行驶，一群白海豚就围在小船的旁边，随着小船一起前进。“它们游快了，又会转回来继续跟着船随浪再次前行。”

2004 年，万焕通有机会到刚刚组建的广东珠江口中华白海豚国家级自然保护区管理局工作，他又想起了那些曾经陪伴在他船边的“护卫舰”们，决定尽自己有限的力量去保护它们。

2005 年元旦，万焕通和同事收到了渔民的求助，在红树林的渔网内发现了三头搁浅的白海豚。“我们初步分析，可能是白海豚在涨潮的时候为了追鱼吃，进了渔民布置的‘迷魂阵’中，之后就出不去了，直到退潮之后才发现它们。”

当时过去了两三个人，他们将搁浅的白海豚搬到渔网外面的水中，让它们自行离去。然而，可能是因为搁浅的时间较久，其中一头较小的白海豚还来不及施救就已经死亡了，另两头则在被施救之后好了许多，慢慢地可以自己游回大海了。令他

非常感动的是，“当我们坐着小船要离开的时候，它们会露出头来看着你。从它们的眼中可以看到一种感激之情”。他回忆说，当时的海风很大，他们的小船在海风中摇摇晃晃，看着两头白海豚游走了，又恋恋不舍地游了回来，几次之后，才在他们的目光中越游越远。

“那是我第一次参与白海豚的救助，也感受到了它们的灵性，这让我更加努力地参与到救助它们的工作中。”万焕通说。

与万焕通的经历不同，肖尤盛第一次与搁浅活体海豚亲密接触的经历颇有些“令人怜悯”。

也是2005年元旦，是肖尤盛进保护区工作以来的第一个假期，他正沉浸在假日的喜庆气氛之中，突然接到电话说珠海淇澳岛有三头中华白海豚误入渔网而无法游回大海。

“当时我正在外面玩，没穿多少衣服。”肖尤盛回忆道，由于穿得太单薄，在海边冷得他直哆嗦。

“是一家三口，有一只还被绑住了尾巴。”肖尤盛说，看着被困的白海豚，一到

现场，他顾不上脚上穿的参加工作以来买的第一双新鞋，直接跳入水中徒手将两只白海豚救起来，放在一艘小木船上将其送入大海。

声名远播的“救护小组”

救护搁浅鲸豚，是鲸豚救护小组承担的重要工作。鲸豚动物因生病、身体虚弱或迷路，游至浅水处而不能游回深水，或者因种种原因死亡后被水冲到岸边的现象被称为“搁浅”。近年来，广东省多次发生鲸豚误入河道搁浅现象。

在众多被救护的鲸豚中，“老白”一直是救护小组成员难以忘记的一只。由于年纪大，救护队员亲切地称它“老白”。

它也是鲸豚救护小组第一次运回救护池治疗并暂养的活体海豚。那是2012年3月的一个清晨，保护区工作人员突然接到电话：佛山罗村的河涌里有一头白海豚。当救护小组成员陈希与同事抵达时，布满淤泥的河道中，“老白”正艰难地露出头呼吸。由于搁浅的地方距最近的出海口有100多千米，“老白”没有办法游回去。

“现场超乎我们的想象，围满了人。”陈希回忆，由于“老白”在淡水沟中搁浅，水中有大量淤泥，救护人员只能现场制作一些特殊的救护设备，下了网把它捞

上来。

救护上来后，运输过程更为艰难，车不能开得太快，从佛山到保护区花了差不多四个小时。“冬天很冷，我与林文治两个人一直站在水中将它的头部抬出水面辅助其呼吸。”

鲸豚救护小组将“老白”带回保护区，为它做了体检。只见“老白”身上伤痕累累，其中一道深深的裂口把它的背鳍分成前后两半，尾柄、背部、吻部都布满了各种病灶，虚弱得连呼吸都绵软无力。

在鲸豚救护小组的悉心照料下，“老白”的白细胞数量逐渐恢复正常，伤口逐渐复原，精神也好了很多。

“在其健康状况好转后，专家对它做了评估，遗憾地发现它已不能适应野外的生存环境了。”陈希说，由于“老白”年纪太大，大部分牙齿脱落，已经无法自主捕食。

据估算，当时“老白”的年龄已经有 45 岁。而白海豚的寿命一般在 30 到 40 岁，“老白”已经相当于人类的 90 岁高龄了。于是，“老白”在大家的精心照料下，度过了它生命中最后的 300 多天。

“这 300 多天里，每个工作人员到了单位的第一件事，就是去看看‘老白’今天精神状态如何。”万焕通说，他还记得在 2013 年元旦之后，天气很冷，“老白”的身体状况似乎越来越差了，它开始不吃东西，也变得越来越瘦。

虽然“老白”最终因多器官衰竭死亡，但这是国内首例在淡水河涌成功救助的中华白海豚。有电视台还将“老白”的救护经历拍成纪录片，获得了当年的纪录片大奖。

万焕通告诉记者，能够像“老白”这样救治成功的白海豚很少，大部分在发现时就几乎没有任何希望了。“还是要尽人事听天命，补水、打消炎针、喂鱼，希望奇迹能够发生。”

“救护活体海豚还好，要是处理死体海豚，那是挺痛苦的，不喜欢这个事业的话，去到现场，你会觉得很恶心，下次不想再去了。”周瑞春说。

2017 年 9 月 7 日傍晚时分，保护区技术科接到珠海渔政支队电话，告知位于珠海市金湾区海泉湾路附近有工地工人闻到恶臭味，影响工人们的日常生活。他们发现源头为一头搁浅在礁石旁的海豚。

“当时恰逢珠海下班高峰期，预测我们赶到现场需要 2 个小时以上。等小组成员赶到现场附近时，天早已黑下来了。”参与救助的小组成员说道。“快接近海豚尸体的时候，我们都不需要领路，跟着恶臭味就很容易来到海豚死亡地点。”

搁浅死亡的是一头中华白海豚，腐烂很严重，尸体被海浪拍在一片礁石中。靠近海岸这一边修建了 3 米多高的防波堤，根据现场情况，无法进行现场解剖和就地掩埋，只能拉走。

但防波堤有 3 米多的落差，死亡的中华白海豚有 2 米多长，体重有一二百千克，从礁石下提到防波堤上然后再装上货车，谈何容易。这么晚，也无法临时去找起重机。救护小组的成员只能使用工地上用于绑脚手架的粗壮竹竿，搭建一座空心桥，用塑料膜包裹住海豚尸体后，两端系上绳子，在工人朋友的帮助下，沿着竹竿搭建的空心桥拉上防波堤，再在众人的合作下装上货车。“由于夜晚解剖不利于观察，我们在海豚尸体周边覆盖冰块降温保存后，早已是凌晨 2 点了。第二天天刚刚亮，就要尽快完成解剖任务，进行取样和查找死因。”

一般死体海豚都是高度腐烂，散发着恶臭，有时满身都是蛆。一次，在处理一只死体海豚时，其肚子突然爆炸，内脏全部喷涌而出，喷得满地都是腐臭的内脏，这一经历让周瑞春至今难忘。

鲸豚救护小组与中山大学的研究人员合作，对搁浅的死体鲸豚进行解剖和记录，对心、肝、肺、肾、胃等各个器官分类取用存储，供研究使用；对于新鲜度较好的死体海豚，将其制成标本用于宣传展览。还要为每一头搁浅死亡的海豚编制一份死亡分析报告。

陈希还清楚地记得，刚开始，中山大学的实验室比较简陋，那时，解剖、取样的工作他也要兼任；碰到已经腐烂的白海豚，味道很大，手上沾上的气味三天都散不掉。他尝试用风油精等有刺激性气味的液体盖住臭味也是徒劳，虽然刚开始觉得味道不好闻，可逐渐地，鲸豚救护小组的成员也就习惯了。“我现在解剖完，马上在旁边吃饭也不会觉得有问题。”

台前的工作总让人羡慕，但幕后的辛酸和汗水往往不为人知。但是，作为保护区的一员，他们愿意默默努力，为每一头中华白海豚寻找生存希望，进行死后处理，用持续不断的努力去积累经验和数据。

有了多年的海豚救护经历，陈希也有了自己的思考，他认为，在信息发达的年代，近几年对于白海豚误入内河的事件关注度越来越高，这一方面表明群众的环境保护意识在明显提高，但另一方面是否存在过度干扰的情况，值得思考。

而对于年老个体海豚误入内河的情况，陈希呼吁应该理性看待，不应太多干扰，只需报相关部门备案即可，“其实有可能（来到内河）是它自身的选择，选择一个合适的地方‘终老’”。事实上，目前广东处理误入内河的白海豚已形成一套评估、决策机制。省市渔业主管部门、执法力量、水生野生动物保护中心、珠江口中华白海豚自然保护区管理局等单位，以及中山大学等科研院所的鲸豚研究人员形成联动，现场观察、多方商议，根据情况作出决策。

一般来说，先进行跟踪观察，不进行人为干扰，看它是否能自主游回大海，之后评估河道现场条件、海豚身体状态，再来决定是否需要人为驱赶或引导其游回大海。

“因为够专业，所以才取得了大家的信任。”陈希说道，十余年的救护工作让包括陈希在内的鲸豚救护小组积累了丰富的救护经验，设备增加，技术逐渐积累完善，让他们在这个领域声名远播。

如今，珠海市民发现海豚搁浅等事件，只要拨打 110 或市长热线，相关部门就会通知救护小组协助处理。

“大桥通车，中华白海豚不搬家”

广东珠江口中华白海豚国家级自然保护区位于珠江口伶仃洋海域。2009 年以来，全球最长的跨海大桥港珠澳大桥在此开工建设。

在大桥主体工程建设的 7 年里，保护区管理局和建设方、施工单位培养了数以千计的“观豚员”和“海豚守望者”。

每一条施工船上，都安排有一名海豚观察员，他们的工作就是用望远镜观察施工船附近水域，一旦发现中华白海豚踪影，立刻通知停工，等候海豚离开。在建设过程中也进行优化设计，减少非通航孔桥的桥墩数量，减少施工海域面积，减少打桩作业量，减少淤泥产生量。

期间，保护区组织开展了中华白海豚资源监测，监测工作范围涵盖整个伶仃洋水域和部分珠江口西部水域。自 2012 年起，他们出海监测海豚约 60 次/年，总航程近2万千米，通过相片识别和截线调查的研究方法，累计识别2381头中华白海豚，基本掌握珠江口中华白海豚种群数量和分布等参数。

2017年7月，港珠澳大桥管理局曾对外公布一组数据：港珠澳大桥主体工程自建设以来，约3.4亿元花在白海豚保护上，其中白海豚生态补偿费用8000万元，用于施工中相关的监测费用4137万元，环保顾问费用900万元，渔业资源生态损失补偿约1.88亿元，有关环保课题研究约1000万元，其他约800万元。

据港珠澳大桥管理局提供的《港珠澳大桥主体工程建设情况汇报》，为了保护白海豚，在大桥的方案设计、施工建设、工程管理和技术研究等方面均作出调整，如缩短工期，优化施工方案，尽量避免在4—8月白海豚繁殖高峰期进行大规模疏浚、开挖等容易产生大量悬浮物的作业等。甚至为保护白海豚，部分施工方案也优化调整了。

如今，世界最长跨海大桥已横跨于伶仃洋上，连接着香港、珠海和澳门三地。江海航道桥上，矗立着三座“海豚”钢塔，中华白海豚成为港珠澳大桥的象征，这也是大桥建设者的承诺，“大桥通车，中华白海豚不搬家”。

不断升级的“专业团队”

为了更好地保护中华白海豚，1999年，国家成立珠江口中华白海豚自然保护区，2003年成为国家级自然保护区。

一开始，保护区并没有成立鲸豚救护队伍，随着参与救护次数的增多，大家越来越明确各自所长，便固定了小组成员，成立了鲸豚救护小组。

从集美大学水产养殖专业毕业后来到珠江口白海豚保护区工作的陈希，便加入了救护小组。

陈希介绍，鲸豚救护小组是以保护区技术科为班底，选拔保护区年轻和有活力的员工组建的一支队伍，专门负责鲸豚救护、对外合作和学术交流，负责科研项目（课题）的申报和落实等工作，定期组织开展科普宣传等保育工作。由于鲸豚保护工作具有不定时性和耗费体力大的特性，团队成员主要为35岁以下的年轻人，保

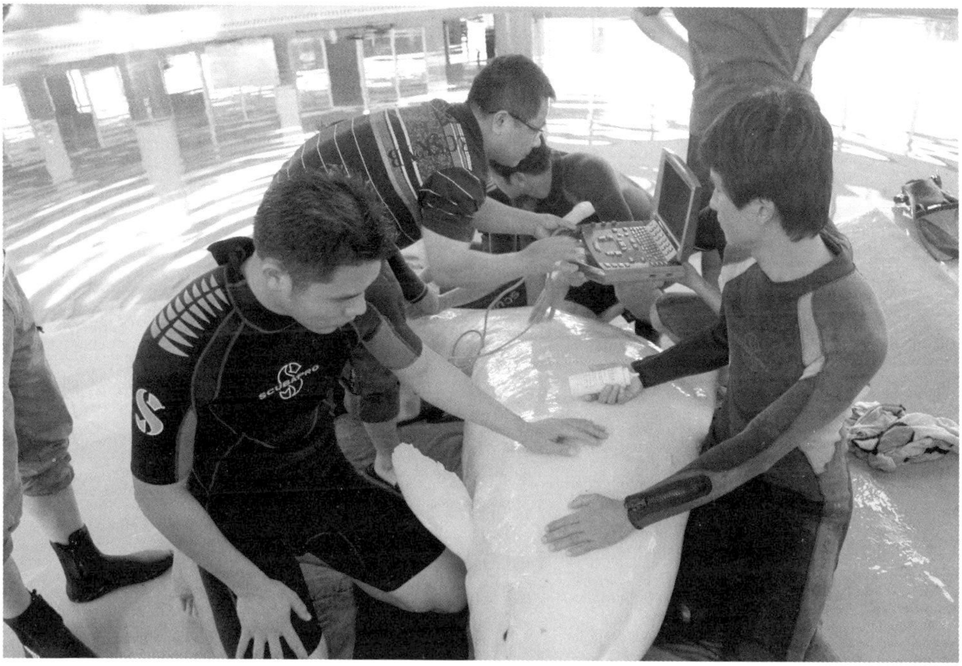

护区管理局还以不定期合作的方式，结合每次救护需要，邀请兽医专家或者科研人员参与。

科学研究是保护区管理局技术科的一项主要工作，也是鲸豚救护小组的工作重点。为促进珠江口中华白海豚科学研究工作的开展，团队与中山大学长期保持合作，对搁浅的鲸豚进行解剖和记录。经过多年的积累，团队建立了一套鲸豚搁浅档案，共收集了100多头中华白海豚的样品，拥有50余个剥制、骨骼和浸泡标本，几百个海豚的组织器官样品，上百张组织和病理切片图，建立了我国最大的中华白海豚样品组织库。

“中华白海豚保护的技术处于起步阶段，当前最重要的还是要更多地了解这个物种。”陈希介绍，他们希望通过样品组织库的建设，能够让更多的人了解白海豚，也为一些有研究需求的高校和科研机构提供支撑。

此外，广东珠江口中华白海豚国家级自然保护区管理局也在积极推进白海豚救护保育基地项目建设。正在建设的中华白海豚救护保育基地是一个集救护、科研、宣教、管理于一体的现代化基地，其主要功能包括拯救中华白海豚及其他鲸豚类动物、对救治痊愈的中华白海豚进行放归前的野化训练等。下一步，保护区还将完善信息化建设，初步实现功能分区、人员机构、科研监测等信息“一张图”管理，建立和完善保护区管理和研究数据库；同时，探索和加强联合执勤点的建设，密切关注港珠澳大桥营运期间对中华白海豚的影响。

为加强保护区能力建设，小组编制并参与了“渔业种质资源保护项目”“广东省海洋与渔业科技推广项目”“海洋公益性行业科研专项”“香港海洋公园保育金项目”“广东省环境教育基地”“广东省省级自然保护区建设专项”“环境保护部生物多样性保护专项”“广东省科普教育基地”等15项（次）的项目申报材料与实施工作，以上项目的落实为保护区各项工作的开展提供资金支持，也为保护区基础设施建设、科学研究和宣传教育等工作奠定了基础。

让更多人了解白海豚

白海豚会不会睡觉？为什么称中华白海豚为“妈祖鱼”？海豚会发出叫声吗？为什么不同年龄段的中华白海豚皮肤颜色不一样？在保护区，高广银在科普馆给学生社团和志愿者们讲解中华白海豚的知识。他准备了很多有趣的“冷知识”，“这是我的小窍门，能帮助参观的人很快记住”。不过，面对纷至沓来的参观者，科班出身的高广银也时常感到本领“恐慌”。“参观的人往往会提出意想不到的问题，比如白海豚的进化史，我不得不恶补这方面的专业知识。”

陈希说，作为鲸豚救护小组的成员，他觉得要让更多人了解这个物种，“你要知道它的存在，才能保护它”。渔业资源的衰退，水污染以及自身生殖率低等原因，导致中华白海豚的生存空间越来越小。陈希介绍：“根据中华白海豚的活动范围和目击率，科研团队经过调查、评估，发现目前中华白海豚的数量还在不断减少，活动区域持续萎缩，中华白海豚已被收入世界自然保护联盟红色名录中。”陈希说，自己是学水产养殖专业的，虽然专业对口，但是在救护海豚的过程中还是要不断学习新知识。

广东珠江口中华白海豚国家级自然保护区管理局负责人陈海亮介绍，近年来，保护区不断招募志愿者，还建立了白海豚保护志愿者联络微信群，参与保护的人越来越多。“我们也到高校做宣讲，希望能有更多年轻的科研人员参与到保护区的研究工作中来。”陈海亮说。

在今年的“中华白海豚保护宣传日”有奖征文比赛中，来自澳门国际学校的严慧歌写道：“当我讲到英雄，你可能想着他们行动的时候像007一样，带着酷酷的武器和各种随时可用的高科技工具，开着直升机去执行任务。现实中的情形是，白海豚保护区的陈希叔叔大部分时候随身携带的只是一个医药箱和一把折叠铲，开的是一部普通的小车。陈希叔叔没有海王的金色叉子可以控制大海，让海水上涨或者下降，可是他却用他的小铲子一点一点挖开一条生命的道路，为迷路的白海豚争取宝贵的时间，等待其他队员的到来，让搁浅的海豚能有机会重回大海；我不知道大家对英雄的定义是什么，可是我觉得基地里的每一个人都是我们现实生活中的大英雄！”

“我们为白海豚保护所做的每件小事，最终会汇聚成白海豚永续发展的大事件！”广东珠江口中华白海豚国家级自然保护区管理局负责人陈海亮说：“我们的努力，都是为了让子孙后代还能看到美丽的中华白海豚！”

“我们希望救护小组能派上用场的机会越来越少，也就证明中华白海豚的生活环境更好了，人类和动物相处更加和谐。”肖尤盛感慨地说。

脚下的海疆　心中的国

——记三沙卫视记者王俊皓

三沙工作很艰苦，把国家放在心中，才能更好地激励自己，鼓舞自己一直去奋斗。

——王俊皓

王俊皓，海南广播电视总台三沙卫视频道《巡航祖宗海》栏目制片人、主持人、记者。1988 年生于湖南省常德市石门县，2013 年进入三沙卫视工作，成为建频道后的第一批记者、主持人。7 年来，王俊皓先后参与制作了《寻访三沙绿海龟》《南海捕鱼日志》《我在南海种珊瑚》等精品专题片以及《环海南岛海岸行》《中国海岸行》等大型系列专题片。作品多次获中外大奖。

5 月，春天的麦苗已经翻成了波浪，但海风依然寒冷。清晨 7 时，王俊皓和摄制组一行出发。这是《巡航祖宗海》摄制组一天的开始，如同农民需要赶秋一样，拍摄也得抢时间。稍有不慎，节目就无法保证边拍边播。晚上七八时，城市夜色渐浓时，一天的拍摄结束。这是过去一年多里，王俊皓最习以为常的工作节奏。

2019 年 5 月 15 日，结束了辽宁锦州的拍摄，百集纪录片《中国海岸行》进入收官阶段。作为栏目制片人兼记者、主持人，王俊皓与团队走遍三沙、海南、中国大陆海岸线。三沙卫视也成为第一个走遍三沙、海南、中国大陆海岸线摄制节目的媒体。

海疆在脚下，祖国在心中。入职三沙卫视 7 年，王俊皓将海洋的故事从三沙讲到了海南，讲遍了中国。

记者初体验

2013 年 5 月，三沙卫视正式筹建，王俊皓以主播身份成为其中一员。由于筹建初期人手紧缺，三沙卫视的男主播还肩负着担任驻岛记者的重任。当年 9 月 27 日，王俊皓与摄像人员登陆永兴岛成为驻岛记者，这让王俊皓倍感新鲜。“之前自己就有过当记者的念头”，王俊皓说，“如果从播音的角度出发，做记者可以更好地理解稿件，从而使播音工作更加准确、有力”。

上岛后仅仅过了两天，王俊皓便赶上了“大事件”。

2013 年 9 月 29 日，三沙卫视开播第六天，强台风“蝴蝶”在三沙市海域导致三艘渔船沉没，造成 100 多人落水。这是海南省三沙市成立以来发生的最大灾害性事件。当时，王俊皓和摄像人员是全国唯一一组在永兴岛驻岛的记者。

灾情到底怎么样？救援行动进展如何？这是各路媒体关注的焦点，也是救援指挥部需要掌握的情况。作为当时岛上唯一的记者，王俊皓自然成为各方获取信息的主渠道。

“事情发生的时候我整个人是懵的，所有人都在给我打电话要消息，每天一睁眼就要干事儿，完全停不下来。”可谁知道，在这样的“大事件”发生时，王俊皓还是一个没有独立采访经验的记者。所幸，他具备一定的语言功底，就用最简单的办法——看到什么说什么，将台风及救援的信息及时发了出去。

9 月 30 日，中央电视台《晚间新闻》栏目连线王俊皓。在长达两分多钟的连线中，王俊皓对新闻事件进行陈述，并以“建立海上救援基地”为论点对该事件进行评论。评论的内容被主持人白岩松引为节目的结尾。“这对我的鼓舞特别大”，王俊皓说，“我不是一个具备主持人思维和性格的人，就拿那次连线来说，没有人要求我必须加一段评论，但我觉得这么大的事情没有一点总结和收尾，不太合适”。

10 月 5 日，三沙卫视刊播《建设国际海上救援基地彰显国家主权——西沙海域大救援的启示》评论。评论巧妙彰显了“主权三沙”这一国家意识、主权意识和一个负责任大国的担当意识及国际主义精神。

而评论观点的提出，则源于王俊皓在历时 7 天的救援与报道中的认真思考。自 9 月 29 日至 10 月 5 日，王俊皓多次登上直升机、登上舰船，从空中和海上见证立体拉网式搜救渔民的行动和运送补给物资。在分秒必争的新闻现场，王俊皓凭借过硬的语言功底，将所见所闻及时地传递到了岛外，为救援赢得了宝贵的时间。

经过那次采访，王俊皓真切地体会到了做一名记者给人带来的兴奋。“在一件全国都关注的事情发生的时候，你是唯一能够将消息传递出去的人，全国的新闻都是从你这儿出去的，那种成就感，太让一个刚入行的人感到满足了。”王俊皓说。

从“蝴蝶”中走来的王俊皓，完成了记者的初体验。正是这次体验，改变了他曾经要做一名播音员的梦想。

拍摄领海基点碑

有人说，在三沙，出海就是出征，安家就是卫国。生活在这里的人们，都在燃烧着自己，用心守护着祖国的海疆。在一次次的接触中，王俊皓心中也更增添一份家国情怀。

“蝴蝶”过后，王俊皓跟随三沙市政府组织的救援队前往永乐群岛运送补给物资。

在前往鸭公岛的船上，他远远地看到飘扬的五星红旗。“看来台风对鸭公岛的影响并不大，旗杆和国旗都没损坏。”王俊皓心想。但登上岛的那一刻，所有人都傻眼了。岛上房子全部受损，部分完全倒塌。

“房子都倒了，国旗杆却没事？”王俊皓找到时任鸭公社区居委会主任叶兴彬，不解地问。

“不是”，叶兴彬带着王俊皓走近升旗台，指着底部说，“旗杆倒了，但台风一过，我们马上就焊接好，第一时间把国旗升起来了”。

“住的地方都没了，为啥还想着先把国旗升起来？”

“为的是给船只和落水的人提供前进的方向和活下去的动力。国旗飘扬的地方，就是祖国。”叶兴彬几句朴素的话语，深深触动了王俊皓。“所以说，在三沙，爱国主义是一种油然而生的情怀，不需要拔高，也不需要强调，它就在那里，在每一个土生土长的渔民心里，在每一位日夜守护着三沙这片海域的基层工作者心中。”王俊皓说道。

对职业的热爱让王俊皓对节目摄制有着较高的追求。有一次，王俊皓跟随三沙市综合执法船前往西沙例行巡航，到达了西沙北礁。北礁位于西沙群岛的西北角，所以在北礁上设有多块领海基点碑，而领海基点碑是主权的象征。

为向国人宣传我国海洋权益和主权意识，王俊皓决定徒步涉险走一趟，前往北礁东北方向的领海基点碑。起初，工作人员很顾虑，不想冒这个险。因为北礁大部分时间被海水覆盖，只有退潮的时候才有小部分礁盘露出水面，并且礁盘外围风大浪高。

看到王俊皓执意要去，工作人员破例答应了。从 3000 吨的大船换到冲锋舟，再从冲锋舟换到更小的渔船，经过一个小时的换乘航行后，小渔船在距离领海基点碑还有 50 米左右的地方搁浅了。齐腰深的海水阻挡了所有人的步伐。没有涉水的服装，更严重的是领海基点碑在北礁的最外围，也就意味着礁盘外面就是不可估量的深水区，而且礁盘阻碍着海水流动，它的外围一般都是风最大、浪最高的地方。短短 50 米，危险重重。

面对这种情况，很多人可能就会选择放弃，远远地拍摄，出个镜就可以了。可王俊皓没有多想，走下渔船，“咚”的一声跳入水中，向着基点碑径直走去。随船工作人员见状，也跟着跳了下去。顶着海浪的拍打，大风的呼啸，他们最终步履艰难地走到了领海基点碑的底座下面。这是从未有过的一刻！当曾经只能遥望的基点碑、国徽一下子变得触手可及时，在场的所有人都流下了热泪。

由于海况原因，这段声画影像虽然嘈杂和摇晃，但丝毫未影响它成为那次拍摄中最精彩、最令人动容的一段。节目播出后，无数观众潸然泪下。每个观众都被这神圣的领海基点碑打动着，激起大家无限的爱国情怀。

其实对一个电视工作者来说，要拍出精彩的内容就要付出常人没有的艰辛，几个小时甚至几十个小时的海上奔波，冒着生命危险只为了那一分钟的画面，这就是王俊皓作为媒体人的责任与担当。

从入职三沙卫视的那一刻起，王俊皓就常怀着媒体人的使命感和责任感。他常说：“三沙工作很艰苦，把国家放在心中，才能更好地激励自己，鼓舞自己一直去奋斗。”

用使命、用智慧拍摄

做记者，注定不是一件轻松的事，更何况是在三沙，这样一个“四高一多”（高温、高湿、高盐、高辐射和多台风）的环境中。如果不具有一定的责任与担当意识，不具有坚定的新闻理想，如何能常年如一日地坚守下去？显然，王俊皓具备了这一切。

为了跟踪记录潭门渔民赴三沙海域捕捞的海上生活，2017 年 3 月，王俊皓和团队乘坐 75 吨的小渔船，在汪洋中颠簸 1000 多海里。船小，浪大。他们无数次眩晕呕吐，还要与高温、缺水等严酷的自然环境做斗争。要知道 75 吨的渔船入水之后也就是 3 到 4 米的高度，而在西沙 3 米高的浪是极为平常的。即使如此，王俊皓和摄像师们也坚持平均每天超过 15 个小时的工作。他们与渔民同吃同住同劳动，一起吊放小船、清洗船舱、下海捕捞，与渔民打成一片，使渔民克服面对镜头紧张的问题。最终，耗时 27 天，他们拍摄了 1200 分钟的高清素材，制作了 10 集新闻系列报道和两集纪录片《南海捕鱼日志》。

通过介绍“电子更路簿”“海南渔民的渔获俗名”这些历史铁证，进一步证实了南海自古以来属于中国，而潭门渔民的潜水捕捞方式也第一次揭开了它神秘的面纱。《南海捕鱼日志》通过中央电视台微博转发后，24 小时点击量达到 400 万次，为海南省以及三沙市的正面宣传报道做出了积极贡献。不少观众纷纷留言，《南海捕鱼日志》使他们看到了祖国美丽的南疆风光，看到了海南渔民独特的捕捞方式，激发了他们的爱国情怀。而王俊皓回到海口时，全身上下没有痊愈的划伤、淤青还有 20 多处；由于被晒得缺水，原本不到 30 岁的他看上去一下老了 10 多岁。也正是因为这样的艰苦奋斗、用心制作，《南海捕鱼日志》获得了第十二届中国纪录片国际选片会一等奖。

如果说《南海捕鱼日志》是王俊皓用使命在拍摄，那么，纪录片《寻访三沙绿海龟》，用他的话来说，则是“动用毕生最大的智慧”了。

2017 年 7 月至 9 月，王俊皓及其团队用了两个月的时间，全程追踪拍摄西沙绿海龟上岸、产卵和孵化的过程。

每年的 7 月和 8 月为绿海龟的产卵高峰期，为了蹲守，王俊皓带着摄像师及助手等 3 人在 6 月时就登上西沙的北岛，他们准备“守岛待龟”。由于拍摄是在不影响绿海龟正常生息繁衍的基础上进行的，所以摄制组每天都跟着当地渔民巡海滩，了解绿海龟的繁衍习性。“绿海龟产卵都在晚上，会在涨潮的时候上岸，退潮之前就会离开。上岸之后它会找一个合适的地方，先用前肢挖一个大坑，自己爬进去，再用后肢挖一个小坑，把卵产在这里面，产完卵后用沙子埋上，然后离开。”不要以为这个坑好找，王俊皓说，每种生物都有自己的智慧，绿海龟在产卵时挖的假性坑，让拍摄之路异常坎坷。

刚开始近一个月的时间里，他们一无所获。“两千米长的海滩，我们几个人分头寻找，什么也没发现，我们一度都怀疑到底有没有海龟。后来发现了，但海滩上信号又不太好，等到通知人过来的时候，珍贵的镜头已经拍不到了。”摄制组每天在海滩上与绿海龟斗智斗勇，通宵达旦。“北岛十点断水断电，我们跟海龟斗完，一身臭汗，澡也没法洗就这样睡了。”

幸运的是，在王俊皓拍摄过程中，有两组教授带领学生上岛调研，在他们的帮助下，绿海龟上岸及孵化过程的镜头顺利完成了，但是产卵过程的镜头还是空白。

“到第 65 天的时候，我们终于拍到了这组镜头。”王俊皓兴奋地说：“那应该是一只新手海龟妈妈，我们从它一上岸就发现它了。看它挖了第一个坑，不满意；再挖一个，还是不满意。直到挖了第五个坑还是没有把自己放进去的时候，我们的摄像师急了，悄悄摸到它身边……我看着他在绿海龟旁边‘咔咔’帮忙刨坑的时候，那幅画面实在是太美了。这不就是人与自然和谐共处的典范吗！”王俊皓说，由于海洋生物害怕白光，《寻访三沙绿海龟》全程以红光进行拍摄，这组珍贵的“共处”镜头没有留下影视资料，实在惋惜。最后，这只新手海龟妈妈就是在人类朋友帮它刨的坑里，产下了后代，而摄制组也拍摄到了这组珍贵的“产卵”画面。

历时70天，王俊皓及其团队成功对绿海龟上岸、产卵和孵化过程进行全影像记录。《寻访三沙绿海龟》成片后获得广泛赞誉，这是中国媒体首次对绿海龟的记录式拍摄，也是绿海龟产卵高清影像的首次呈现。该片在中央电视台《新闻联播》《新闻直播间》播出，被中央电视台微博转发后24小时内点击量近500万次。

2018年10月，《寻访三沙绿海龟》荣获2018中美电视节年度最佳电视纪录片“金天使奖”。

绘就万里海疆图

2017年，三沙卫视全新打造一档纪实专题类栏目《巡航祖宗海》，王俊皓成为该栏目的执行制片人、主持人和记者。作为制片人，他带领栏目同事走遍了中国大陆海岸线、海南海岸线，行程累计2万多千米，一年中有近10个月行走在海岸线，用镜头记录和传播着厚重的中国海洋文化。

2017年3月，《巡航祖宗海》栏目开始启动大型报道“环海南岛海岸行”。王俊皓在3个月的时间里，从海南文昌木兰头出发，途经12个市县，用脚步丈量了海南1800多千米的海岸线，以广阔的视角呈现独特的自然风光，以多种拍摄手段呈现大海的震撼之美。“环海南岛海岸行”对海南12个沿海市县的港湾、码头进行了系统梳理，以美食、故事、非物质文化遗产技艺等元素为载体，展示各地与海息息相关的人文风情。大海不仅孕育了生命，更是滋养了一方水土，在各沿海市县孕育了独具特色的文化。

2017年7月开始，《巡航祖宗海》栏目又开启大型策划活动“中国海岸行”，王俊皓和团队从中国大陆海岸线的西南端广西北仑河口出发，从南到北用两年的时间一路前行到达辽宁丹东，以地级市为拍摄单位制作100集大型专题片，将我国沿海各市县的神奇自然、历史人文、海洋民俗、海洋科技等内容一一呈现，传播海洋文化。三沙卫视也成为第一个走遍三沙海域、海南岛海岸线、中国大陆海岸线摄制节目的媒体。

两年的时间，王俊皓不仅感受到了中国海岸线的壮美、生动，也记录了很多动人的海洋故事。在广西东兴，他们感受当地的高跷捕鱼；在广东惠州，聆听惠东渔歌，参加渔家婚礼；在深圳，他们传播九龙海战英勇抗击侵略者的故事；在福建漳州，他们和村民一起捞泥蚶；在泉州，他们找到了在泉州出生长大的斯里兰卡公主许世吟娥，了解她的祖先世利巴交喇惹来中国进贡并留在中国的故事，也记录了这位“平民公主”为中斯友谊做出的贡献；在宁波渔州列岛，他们体验海钓的魅力；在上海，他们通过老摄影师的镜头，看到了上海外滩几十年的巨大变化；在江苏南通，他们登上正在建造的海上钻井平台感受国家海洋科技的发展；在山东日照，他们走进帆船基地体验海上运动；在青岛，感受无人码头带来的震撼；在河北秦皇岛，他们在山海关眺望大海；在辽宁锦州，他们饱览笔架山的神奇自然……“这些一个个沿海城市的海洋故事让我们将中国海岸线串联了起来，用镜头绘就了一幅万里海疆图。”

“中国海岸行”后，《巡航祖宗海》栏目又在做一个新的大型策划——“红旗下的蔚蓝”。如果说“环海南岛海岸行”“中国海岸行”展现的是我国沿海地区的自然风光和风土人情的话，那么，“红旗下的蔚蓝”则是首次将目光聚焦到人身上——管海的人。王俊皓告诉记者，“红旗下的蔚蓝”选取的拍摄对象是中国的管海单位，可谓是报道视角的一次全新变化。

作为《巡航祖宗海》栏目的制片人、记者，王俊皓几乎全年无休。“尽己所能，展示中国大陆海岸线的壮美，诉说多姿多彩的海洋故事，责任重大，使命光荣。”王俊皓说，他们始终在朝着做“海洋文化的传播者，中华文化的传承者”的目标努力奋斗。不忘初心、牢记使命，讲好海洋故事、中国故事，为建设海洋强国等提供更多舆论支持，做出更多贡献。

有人问王俊皓，一年中有近 10 个月在外奔波，身体不累吗？“要说不累，那是假话。”王俊皓说，因为热爱，身体虽累，心却向往之。

祖国南疆绽放别样精彩

谈起对新闻工作的热爱，就不得不从王俊皓的大学时代说起。2010 年，正在读大学三年级的王俊皓进入海南广播电视总台实习，在影视剧频道做一名不起眼的配音人员。实习生的活计不多，但是很杂。每天除了配音工作，王俊皓还会帮着频道组里的老师处理一些琐碎的工作，也开始接触活动主持。

“读大学时我的目标特别单纯，就是做一名播音员，成为一名艺术家。”王俊皓解释道，想成为艺术家听起来似乎遥不可及，但当时的他已初尝播音主持功力给自己带来的甜头——2009 年，王俊皓在中华颂经典诗文朗诵大赛中，获得全国大学生组总冠军。“这算是很长脸的一件事情，海南省文体厅还下了一个红头文件到学校来表扬我。我就想，在这一行埋头努力下去，是不是就能成为路英老师那样的名家。”王俊皓说道。

2012 年 1 月，王俊皓大学毕业后，正式成为海南广播电视总台影视剧频道的一员，担任配音、主持和导演等工作。由于频道组内人手紧缺，他基本把每个岗位的工作都做了一遍。“算对电视节目的生产过程有了一个整体的认知。”回想起那段日子，王俊皓用“混乱”来形容。对职场生活的不适应，致使所有的回忆都是片段式的，零碎而松散。

“但有两件事情我一直在坚持，就是阅读和思考。”王俊皓说，高考前他拜湖南广播界泰斗路英为师，老先生不仅教授播音主持的专业课程，更是在为人处世及勤思好问上言传身教。“我到现在还保留着大学时路老师给我来的一封信，他告诉我播音主持是一个‘杂家’，一定要保持多阅读、多思考的习惯，这样才能有所成就。”在这样的叮嘱和鼓舞下，王俊皓遇事总会琢磨“为什么”和“怎么样”，这也在冥冥中指引他走向“铁肩担道义”的记者之路。

多年来，王俊皓走遍了三沙各个岛礁。西沙的每一座岛屿都留下了他的足迹，每一片海域都有他的身影，他用镜头讲述着一个个动人而又不为人知的三沙故事。

2018 年，王俊皓在参与海南省组织的“‘勇当先锋，做好表率’我为自贸区做贡献”演讲比赛中，向大家讲述了这样一个荒岛变绿洲的故事。

三沙市七连屿西沙洲在 2012 年时还是一个荒岛，没有一丁点儿绿色。但在 2013 年的时候，岛上的人们在七连屿工委书记王春的带领下，开始尝试在岛礁上植树——这在全世界范围内都是没有先例的事情。植树的方法虽然找到了，但是实施起来也是困难重重。“首先，所有树苗、土壤、肥料要通过大型船舶从海南本岛耗时至少 16 个小时运送到永兴岛，再通过小船从永兴岛航运到西沙洲附近，放置在漂浮平台上。然后需要人跳进海里，克服海水的阻力将漂浮平台拉上西沙洲。”王俊皓尝试过拉这样的纤绳，“不到 10 分钟，我的脖子上就留下了一道深深的红印，疼痛难忍。而这些三沙市的党员干部和渔民要经年累月地在这种环境下，用这样的方式去工作。”

最终，王春带领着七连屿的渔民，用了仅仅496天就将13.8万株各类树木种植到了岛上。如今的西沙洲，海鸟往来，绿树成荫，岛屿面积由0.22平方千米自然增长到0.24平方千米，生态环境发生了质的改变。“三沙的建设，离不开这些基层的公务员们的坚韧不屈、舍身忘我，更离不开祖祖辈辈在此生长的渔民平凡而又朴素的努力。而我的工作，就是记录下这些真实的故事，讲述一个动人的三沙、美丽的海南、活力的中国。”王俊皓说道。

宝剑锋从磨砺出，梅花香自苦寒来。王俊皓将故事从三沙讲到了海南，讲遍了中国，讲到了世界。这些年来，他的作品获得多方肯定，多次荣获中外大奖。参与制作的专题片《寻访三沙绿海龟》获2018年度中美电视节年度最佳纪录片“金天使”奖，《南海捕鱼日志》获第十二届中国纪录片国际选片会社会类一等奖，《我在南海种珊瑚》获第十三届中国纪录片国际选片会人文类一等奖。此外，其作品还曾获得第二十五届中国新闻奖三等奖，三次获得海南新闻奖一等奖，四次获得海南新闻奖二等奖。

王俊皓喜欢朗诵，积极参加各级演讲和朗诵比赛。他先后获得2018年海南省组织的“‘勇当先锋，做好表率’我为自贸区做贡献”演讲比赛一等奖，2018年海南省“好记者讲好故事”演讲比赛一等奖，“夏青杯”朗诵比赛海南赛区冠军等荣誉。

荣誉的背后，是不为人知的艰辛。由于长时间在外出差，回到海口后还要进行节目后期制作，王俊皓几乎全年无休，他自我调侃为“游子”。他和女友也被同事戏称是同城异地恋。有一次，王俊皓出差3个多月回到海口，女友恰好在当天出差，他们在海口机场相聚了短短几分钟便分别了。等到女友出差回来，王俊皓又出差到了外地。他们的婚期更是从2016年一拖再拖，直到2019年才正式完婚。

入台以来，王俊皓从一个只知道配音的年轻人，到尝试不同的工作岗位，再到如今的栏目制片人，一步步走来，他对三沙卫视更多的是感激。“是平台成就了我”。王俊皓说，海南广播电视总台让自己从一个媒体的婴儿，开始慢慢学会走路。“虽然不知道什么时候能够奔跑，但我每一步的成长，都是台里给予我的。”

“三十功名尘与土，八千里路云和月。”这似乎是王俊皓当下的写照。

此时，南中国的海边，木棉花开得正旺。如同32岁的王俊皓壮丽的青春，在祖国南疆，绽放着别样精彩。

海洋很美　需要我们共同守护

——记演员黄渤

海洋之于地球，就像器官之于身体。如果我们放纵坏习惯，日积月累，身体就会出现问题，慢性病也会转为来势汹汹的急性病。但是，如果我们在坏习惯出现之初就悬崖勒马，培养良好的习惯，就能起到事半功倍的效果。因此，保护海洋环境就要从现在做起，从每个人做起，从一点一滴做起，做到防微杜渐。

——黄渤

演员、导演、歌手……黄渤身上有很多亮眼标签，而一直以来，他还有一个低调的标签：环保渤。

黄渤从小在海边长大，对海洋有着特殊的情感。然而，近些年的珊瑚白化、海洋塑料污染，令他震惊和痛心！作为国家地理海洋公益大使，基于对海洋的热爱，黄渤身体力行地号召大众加入保护海洋的队伍中来！从关注减少一次性筷子的使用，到关注减少一次性塑料制品的使用，黄渤在生态环境保护方面的意识和行动总是“走在前列”。黄渤呼吁：“还给海洋一片清澈蔚蓝，那才是她本来美丽的模样。”

2019年年初，黄渤在自己的微博上发出感慨，“潜水时遇到的海底世界，自然太美好，好好保护她”，并配上了美丽的海底世界的图片，引来众人纷纷点赞。很快，点赞量就超过了5万。粉丝纷纷转发并留言，“要和渤哥一起保护海洋”，并亲切地称呼黄渤为“环保渤”。

“能够通过自己的微薄之力，让更多的人来关注海洋，保护海洋环境，这是我应该做的，对我来说也很有意义。”近日，在接受媒体采访时，“环保渤”再次上线，积极呼吁大家保护海洋环境，“海洋之于地球，就像器官之于身体，加强海洋环境保护的重要性不言而喻。平时，我们少用一个塑料袋，少用一个塑料盒，海洋塑料污染压力就减轻一分，我们的海洋就安全一分”。

“还给海洋一片清澈蔚蓝”

黄渤从小在海边长大，“大海对于我来说，有着非同寻常的意义和十分深厚的情感”。

在黄渤参加的一些电视节目中，经常可以看到他在不需要任何护具的情况下，一头扎入海中徒手捞海鲜的画面，水性甚好的他在海里可以来去自如，所以，大海之于黄渤，就如多年来的老友一样。

然而，近年来，黄渤却开始为自己这位“老友”担心起来。“因为工作或旅游的缘故，我陆续去了很多海滨城市，如三亚、帕劳、塞班等，目睹了在那些美景的背后，却是海滩上清理不完的垃圾，以及海底成片的白珊瑚、越来越多的塑料垃圾。”黄渤坦言，“确实心里挺不是滋味儿的”。

于是，黄渤开始越来越多的关注海洋环境，随着进一步接触，他了解到了更多令他“痛心”的信息：在太平洋上有一个由塑料垃圾不断堆积而形成的巨大的“垃圾岛”，面积有160万平方千米；海洋生物惨遭塑料垃圾的“毒害”，调查人员曾发现海鸟的尸骸肚子里塞满了塑料垃圾，还发现因被塑料胶带捆住而导致身体严重畸形的海龟，诸如此类……黄渤用“震惊”来形容他看到这些消息时内心的触动。

然而，黄渤看到的海洋塑料污染，也只是冰山一角。据官方统计，全球每年塑料袋消耗数量约5000亿个，每年丢弃的塑料足够环绕地球4圈，每年高达1300万吨塑料流入海洋。这些塑料每年会夺取数百万海洋动物的性命，近700种海洋生物，包括濒危物种都在其威胁之下。照这个速度，到2050年，地球上将有130亿吨塑料垃圾，这一重量相当于3.5万座纽约帝国大厦，蓝色的地球可能最终变成“塑料星球”。

无独有偶，在2016年召开的第71届联合国大会上，秘书长的报告中指出，海洋塑料垃圾是“一个影响到世界各大洋的全球性问题”，从近岸海域到大洋，从表层海水到深层海水和大洋沉积物，从两极到赤道，以及在海冰中，均发现塑料垃圾的存在。这些残留在海洋或海岸环境中的塑料垃圾经过长期风化，裂解形成小于5毫米或1毫米甚至纳米级的微塑料，一方面通过自身生物摄食作用对浮游动物和底栖生物产生危害，另一方面通过表面富集重金属、新型毒害有机污染物等，作为污染物载体给海洋及海岸带生态环境带来危害。

同年，我国在组织开展的全国海洋垃圾污染监测工作中，增加了微塑料试点监测。结果显示，我国塑料垃圾数量约占全部垃圾数量的80%，海洋垃圾局部污染问题依然严重，在沿海村镇、渔港、流域下游城市，海洋垃圾问题尤为突出。随着塑料垃圾在海洋环境中的逐渐积累，其对海洋生态环境的影响日益凸显，微塑料在海水、沉积物和贝类体内已普遍存在。

“海洋无私地给予人类各种所需，她调节气候，她提供各种能源和资源。而我们人类却视而不见，反而为了自身的便捷、利益，破坏了海洋环境。海洋对我们这么好，我们是不是能对她好一点呢?”黄渤呼吁，“还给海洋一片清澈蔚蓝，那才是她本来美丽的模样”。

“行动起来，要做的还有很多”

不仅是黄渤，面对海洋污染、生态遭到破坏的现状，除政府加强海洋保护外，越来越多的民间组织和个人也加入保护海洋的队伍中来，尽一己之力为海洋发声，身体力行为环保做实事。“一起行动起来，要做的还有很多。”黄渤说。

2019年6月6日上午，三亚，35℃高温。烈日下，一群群身着蓝色上衣的青年人涌上海滩，他们或躬着腰，或蹲着，在仔细寻找着什么，豆大的汗珠顺着他们年轻的面庞成串滴落……这是三亚万人清洁海滩公益活动现场。这些青年人都是志愿者，正在搜寻海滩上的各种垃圾，并进行分类回收。

6月8日是第十一个世界海洋日，号召公众共同保护海洋环境。此次公益活动作为海洋日宣传活动之一，共捡拾垃圾 739.4 千克，为保护海洋环境、减少海洋垃圾做出了贡献。

值得一提的是，此次三亚万人清洁海滩公益活动的参与方之一——三亚市蓝丝带海洋保护协会（以下简称“蓝丝带”），也是长期从事海洋保护的民间公益组织代表。

2007 年 6 月，三亚市蓝丝带海洋保护协会成立，从洁净滩涂、环保宣传到专项调研，“蓝丝带”致力于宣传海洋环保理念，形成了自己的海洋环保“大本营”。大本营里汇聚了来自全国各地的 3 万余名志愿者，每逢节假日，在各大海湾景区，都能看到他们的身影。身着蓝色上衣的志愿者们沿着海滩捡拾垃圾，宣传海洋环保理念。

10 余年的时间里，“蓝丝带”组织了 1000 余次海洋环保活动，实施近 10 个海洋保护项目，向上千万的公众传播了海洋环保理念。

2012 年，由大鹏新区管理委员会和磨房网共同发起成立的民间珊瑚保育组织——“潜爱大鹏”，倡导并践行珊瑚礁生态的自然恢复，积极推动珊瑚保护机制的建设。经过 7 年的实践探索，衍生了“潜爱护礁”和“潜爱课堂”两大核心公益项目，成为珊瑚保育的民间专业组织。

据项目负责人介绍，“潜爱护礁”是以一条百米长的珊瑚观光带为目标，建立潜水员的珊瑚保护参与体系，同时配合渔业转型，推动渔村主动保护珊瑚。“目前，已培养了一批具有珊瑚培育及普查能力的潜水员，并联手政府建立了 2 个海上珊瑚试点保护区，共种植珊瑚 5767 株，救助珊瑚残枝 171 株。”

在保护珊瑚的同时，“潜爱大鹏”还顺带当起了海底清洁工，实现海底垃圾清理常态化。截至 2019 年 4 月底，共打捞海底垃圾 1228 千克，渔网 1500 多米。值此 6·8 海洋日，“潜爱大鹏”再次开展了废网重生、海底清洁等活动，号召公众一起保护海洋环境，减少海洋垃圾。

在“蓝丝带”“潜爱大鹏”的身后，还有很多民间海洋公益组织，他们把目光聚焦在红树林保护、湿地保护等海洋环保领域的方方面面，作为重要民间力量，一直活跃在第一线，为海洋环保鼓与呼。

“海洋环保任重而道远，正是民间力量的不断坚持，让蓝色海洋梦离我们越来越近。”黄渤说。

身体力行 守护蔚蓝

黄渤说到，也做到了，他身体力行，为保护海洋环境做出积极贡献。

2018年6月，黄渤参与了国家地理在深圳举办的“拒绝塑料星球，从你我做起”海洋保护主题活动，并担任国家地理海洋公益大使。

活动中，国家地理携手国家地理海洋公益大使黄渤、国家地理塑料研究学者、国内海洋保育领域专家等集体亮相，启动了名为“Planet or Plastic——拒绝塑料星球”的主题公益演讲活动。

“等我长大了，我希望我们还能在清澈蔚蓝的海洋里畅游……”一位小学生代表用稚嫩却坚定的声音向台下逾百名观众念出了自己写给大海的一封信，也一下子击中了许多在场观众的心。

据了解，该活动旨在唤起全球塑料危机意识，国家地理计划在未来10年的时间里，考察、记录和净化全球范围内塑料污染最严重的河流，并发起公益倡议——减少一次性塑料制品的使用。当前，国家地理已经在北美等地区停止使用发行杂志刊物的塑料包装，并于2019年年底，在全球36种语言的国家地理杂志发行中停止使用塑料包装。接下来的每一年，国家地理都将推出一系列海洋保育活动，借助国家地理旗下媒体以及更多公益伙伴的传播资源，影响更多人的日常行为并引起大家的关注。

此外，值得关注的是，发布会上还首次公映了海洋传奇人物西尔维娅·厄尔带领其潜水员团队拍摄的纪录片《永恒星球：希望之海》。这部通过科学证明和摄影作品成功呼吁美国总统建立了前所未有的海洋保护区的纪录片，也让现场为之震撼。

在活动现场，黄渤也进行了关于海洋环境保护的公益演讲，与观众共同分享了小学生代表们所写的《写给大海的信》，呼吁更多的人参与到减少一次性塑料制品使用的行动中来。

同时，黄渤还与国家地理携手拍摄了“拒绝塑料星球”的海洋保护公益宣传片，该片随后在全球各地的公益频道中播出。

在短片一开始，黄渤置身于茫茫大海之中，自在安逸。但是，由于陆地上工业生产和无节制的塑料制品使用，越来越多的塑料垃圾被随意丢弃在江河之中，又不断汇聚到海洋之中。很快，黄渤的周围就充满了垃圾，他开始透不过气来，变得焦躁不安，气氛也变得越来越沉重……影片触目惊心，给观看的人们带来了深刻反思。“在拍摄过程中，我把自己想象成了海里的生物，当我的周围充斥着塑料垃圾时，那一刻，我的内心非常恐惧。”黄渤说。

据悉，该片全程在水下拍摄完成，由于拍摄时间较长，素来以水性好著称的黄渤也数次呛水。同时，为达到最佳的拍摄效果，黄渤在几乎没有做任何保护的情况下，跳入近 6 米深的水池中，并不断配合要求调整动作，传递出所需要的情绪。“拍摄过程的辛苦都是值得的，塑料垃圾的危害之大无法想象，大海的纯净与蔚蓝需要更多的海洋卫士。”黄渤说。

“平日里，我们随手扔掉的塑料垃圾，随着河流流入海洋，对海洋生态环境、海洋生物都造成了非常大的不可逆的危害。由于塑料垃圾难以降解，至少需要四五百年的时间。想象一下，你随手扔的塑料袋，到了你的孙子的孙子的年代都还存在着，真的让人后怕”。黄渤说，“因此，通过我们拍摄的宣传片，如果能够引起大家的注意，从而反思自己的行为，每个人都能够为减少海洋污染贡献自己的一点微薄之力，那我们的目的就达到了”。

用“偶像力量”传播环保意识

黄渤作为具有极高关注度的演员，也多次在微博等社交平台分享有关海洋环境保护的内容，积极呼吁大家关注海洋塑料污染，树立海洋生态保护意识，并号召大家与他一起爱护海洋环境。

2013 年 2 月 23 日，黄渤发布微博，称在帕劳潜水，却在干净的海面发现一个废弃的烟盒。该微博一经发出便迅速获得大众和众多媒体的关注。在当时，海洋塑料污染还未被大众广泛认知，黄渤这一举动引起了大众对微塑料的认识和讨论。

2018 年 5 月 25 日，黄渤在微博转发人民网一篇关于《荷兰 90 后男生对抗海洋污染，用青春清扫太平洋垃圾》的新闻，引起了大众的关注，并呼吁更多人加入海洋保护的行列，为保护海洋环境鼓与呼。

2018 年 6 月 8 日，黄渤转发由他本人出演的海洋生态保护公益短片，该短片经过平台宣传和传播，在社会上形成了很好的宣传效应，也让公众对海洋环保有了更进一步的认识，用“偶像力量”带动粉丝和大众自发成为保护海洋环境公益力量的一分子。

海洋与森林都是地球生态环境重要的组成部分。2018 年 9 月 28 日，黄渤转发联合国微博，呼吁大众关注海洋和森林的生态环境保护，同时也号召身边更多的人身体力行地为生态环境保护做实事。“环保不是说说而已，需要从每一个人做起，也希望能通过自己的努力，让我们的海洋少一些垃圾，让森林多一些呼吸。跟大家一起努力。”黄渤在微博中说。

随后，2019 年 2 月 21 日，黄渤发布倡导保护海洋环境的微博；2019 年 2 月 26 日，黄渤转发《人民日报》关于塑料垃圾危害海洋环境、海洋生物的微博；2019 年 4 月 8 日、4 月 10 日，连续两次发布倡导使用可降解纸制吸管代替塑料吸管的微博，呼吁减少塑料垃圾污染……

黄渤的微博有 4000 多万粉丝，他所发布的倡导海洋环境保护的微博，转发量高达 6 万多人次，评论量 3 万多人次，点赞量 27 万人次，覆盖人群近亿人，也让更多人参与到了海洋环境保护的队伍中去，他用行动一次次阐释着他的海洋环保理念。

“海洋环境保护要由心出发”

当前，我国也在积极推动海洋垃圾问题的国际合作和全球治理工作。自 20 世纪 90 年代起，我国陆续缔约或签署了多项国际环境公约，并参加了包括《西北太平洋行动计划》《东亚海域环境管理区域合作计划》等在内的国际应对海洋垃圾污染防治工作。同时，我国依托西北太平洋行动计划机制，积极开展合作研究，取得政府间共识，处理了中日韩海洋垃圾的争议，并不定期组织海滩清扫活动等，取得了良好的成效。

为进一步做好我国海洋塑料垃圾防治工作，积极应对国际海洋治理形势的变化，相关专家给出建议：在深入开展我国近海海洋垃圾和微塑料来源、输移通量及其生态环境影响评估研究，提升对微塑料污染机制、生物生态效应和食物链风险的科学认知的基础上，要积极加大宣传教育力度，提升公众对海洋垃圾与微塑料污染影响的认识。积极联合非政府环保组织，壮大志愿者队伍，广泛开展海滩垃圾和海洋垃圾清理等志愿活动。

国家在行动，个人更要响应号召。从关注减少一次性筷子的使用，到关注减少一次性塑料制品的使用，黄渤在生态环境保护的意识和行动上总是“走在前列”。

2013 年，黄渤发起名为“筷乐行动”的公益活动，旨在倡导人们少用甚至不用一次性筷子，减少因一次性筷子的滥用所带来的环境问题。为此，黄渤还定制了大量的方便随身携带的环保筷，拍戏多年，每个剧组几乎都会收到黄渤赠送的环保筷。“希望通过我的举动，让大家能够减少一次性筷子的使用，并都能随身携带环保筷，从而为生态环境保护出一份力。”黄渤说。

此外，黄渤持续关注各类环境保护问题，并与媒体、环保机构等展开合作。例如，因对一次性筷子的关注，黄渤受邀参加太湖文化论坛第二届年会高端对话，获荷兰公主盛赞；黄渤还与联合国环境署合作，为打击野生动植物犯罪发声。

当下，会有一些声音说，平时我们为了方便才使用一次性筷子、塑料袋等，但是我们现在要保护环境，就要想方设法放弃这些便利，这不是自找麻烦吗？目前的海洋环境看起来还没有那么差吧？

“平日里我们培养良好的习惯，如戒烟、不熬夜、吃清淡的东西……这些改变是因为关系到生命本身了，所以我们就有动力。同样的道理，海洋环境保护必须由心出发，根本在于海洋环境污染已经触动到、刺痛到了你的内心，你每时每刻都在关心这件事，才能真正做好海洋环境保护这个事情。”对于海洋环境保护，黄渤有自己深刻的思考和见解。

在采访的最后，黄渤再次呼吁，“海洋的面积占到地球整个面积的70%，生命本身也来源于海洋，所以加强海洋环境保护的重要性不言而喻。海洋环境保护绝非一朝一夕，我们要始终绷紧这根弦儿，改变生活习惯，从细节做起，平时点外卖，出去购物等，都尽量减少使用塑料制品。每天、每个人减少使用一个塑料制品，日积月累，就会凝聚成一个很大的数量，海洋也会在我们的呵护下变得越来越美丽”。

从关注减少一次性塑料制品的使用，到号召身边更多人身体力行地为海洋环保出一份力，保护海洋环境，黄渤一直在路上。